«Un libro oportu... Ortlund nos recuerda que los teólogos todo y principalmente como servidores de la Gran Com... tra cuánto de la academia cristiana se ha divorciado de la misión del evangelio. La Biblia es un libro teológico, pastoral y evangelizador... y esos conceptos nunca deben separarse para no afectar nuestra formación. ¡Usaré este libro con nuestros ancianos y equipo pastoral!».

J. D. Greear, Presidente de la Convención Bautista del Sur; autor, *Not God Enough* [Dios insuficiente]; pastor, The Summit Church, Raleigh-Durham, Carolina del Norte

«Gavin Ortlund es un erudito y líder que empuña la espada del Espíritu y exhibe el fruto del Espíritu a la vez. No solo defiende a Jesús, sino que también lo imita en el amor, la santidad y la misión. En una época tristemente polémica, este libro nos muestra cómo amarnos y permanecer juntos en la misión, incluso cuando vemos algunas doctrinas no esenciales de diferentes maneras. Este es un libro sabio y necesario».

Russell Moore, presidente, Comisión de ética y libertad religiosa de la Convención Bautista del Sur

«En pocas palabras: este es un libro importante. Con la perspicacia de un historiador, la precisión de un teólogo y la sabiduría de un pastor, Gavin Ortlund ha dado a la Iglesia un manual invaluable para navegar por nuestros continuos desafíos doctrinales y para sanar nuestras continuas divisiones doctrinales».

Jared C. Wilson, profesor asistente del Ministerio Pastoral, Spurgeon College; autor en residencia, Midwestern Baptist Theological Seminary; autor, *The Imperfect Disciple* [El discípulo imperfecto]

«Algunos parecen pensar que la fidelidad a Dios se mide según cuánto discutimos sobre las cosas. Estoy muy agradecido por el libro de Gavin Ortlund, que nos recuerda que la fidelidad puede definirse de maneras mucho más bíblicas. Ortlund no pretende tener las respuestas para acabar con todas las discusiones de la Iglesia, pero nos ayuda a entender que no distinguir los asuntos críticos de las preocupaciones secundarias y terciarias es un abandono de la prudencia pastoral que es esencial para la misión de Cristo. Incluso Jesús dijo: "Muchas cosas me quedan aún por decirles, que por ahora no podrían soportar" (Juan 16:12). Para los pastores que obran con el cuidado y la valentía de Jesús, la paciencia no es ceder, la bondad no es debilidad, y la misión de Cristo supera nuestras victorias personales. Ortlund honra la manera de Cristo, así como Su mensaje en este fascinante y desafiante libro».

Bryan Chapell, pastor, Grace Presbyterian Church, Peoria, Illinois

«En la actualidad hay pocas necesidades tan urgentes como la que Gavin Ortlund aborda con tanta habilidad en este maravilloso libro. La perspectiva teológica saludable y el aplomo están muy ausentes en una época donde los conflictos escalan rápidamente y existe mucha ira. Este libro podría transformar nuestro pensamiento, nuestra capacidad de compañerismo y nuestro testimonio ante el mundo. Oro para que sea leído ampliamente y escuchado profundamente».

Sam Allberry, orador, Ravi Zacharias International Ministries; autor, ¿*Why Does God Care Who I Sleep With?* [¿Por qué a Dios le interesa con quién tengo relaciones?] y *7 Myths about Singleness* [Siete mitos sobre la soltería]

«Gavin Ortlund nos ayuda a pensar bien, como hermanos y hermanas en Cristo, dónde debemos defender con firmeza la verdad y trazar líneas inamovibles. También nos ayuda a saber dónde extender la gracia y discrepar amorosamente mientras trabajamos juntos para el cumplimiento de la Gran Comisión y la edificación de la Iglesia del Señor. Este libro es muy necesario en nuestros días. Que nuestro Salvador lo use para nuestro bien y Su gloria».

Daniel L. Akin, presidente del Seminario Teológico Bautista del Sureste

«En esta era de luchas teológicas internas, Gavin Ortlund hace un claro llamado a la sabiduría. No tienes que estar de acuerdo con él en todo para apreciar su sano consejo. Este es un libro importante para nuestro tiempo que ayuda a la Iglesia en su lucha por la fidelidad a la Palabra de Dios y una adecuada unidad cristiana».

Michael Reeves, presidente y profesor de teología, Union School of Theology, Oxford, Reino Unido

«Según mi parecer, este es el primer libro de su clase y es muy necesario. Gavin Ortlund ha hecho un gran servicio a la Iglesia al proporcionar una perspectiva clara, conciliadora y bien razonada (sin mencionar bíblica) sobre la importancia comparativa de nuestras muchas doctrinas cristianas. Algunos en la Iglesia de la actualidad han luchado vigorosamente y han "luchado" de manera innecesaria, mientras que otros, en nombre de la unidad, no encuentran ninguna batalla por la que valga la pena "luchar". A ambos, y a todos los que se encuentran entre los dos extremos, les digo: "¡Lean este libro!"».

Sam Storms, pastor principal, Bridgeway Church, Oklahoma City, Oklahoma

ESCOGE TUS BATALLAS

Gavin Ortlund

ESCOGE TUS BATALLAS

El caso del triaje teológico

ESPAÑOL
NASHVILLE, TN

B&H Publishing Group
Nashville, TN 37234

Diseño de portada e ilustración: B&H Español

Director editorial: Giancarlo Montemayor
Editor de proyectos: Joel Rosario
Coordinadora de proyectos: Cristina O'Shee

Clasificación Decimal Dewey: 248.84
Clasifíquese: HUMILDAD / VIDA CRISTIANA / DOCTRINA TEOLÓGICA

ISBN: 978-1-0877-3822-2

Impreso en EE. UU.
1 2 3 4 5 * 25 24 23 22

Al Covenant Theological Seminary
y a la iglesia Immanuel, en Nashville,
dos instituciones que despliegan belleza
en su cultura teológica.

Índice

Prólogo

Hace algunos años, observé con interés que un ministro experimentado, a quien admiraba mucho, renunció a su ministerio en Canadá y se fue a servir en Francia. Hablaba francés con cierta fluidez, y la pequeña cantidad de iglesias evangélicas en ese país lo conmovieron. Así que, cuando la mayoría de las personas comienzan a soñar con la jubilación, se sintió llamado por Dios para abordar esta gran necesidad, y se fue. Apenas habían pasado 30 meses, cuando el mismo grupo de iglesias evangélicas que le había dado una calurosa bienvenida, le pidió que regresara a su país.

Casi al mismo tiempo, conocí a un hombre joven que se convirtió en misionero en un país eslavo que sin duda podría haber utilizado su ayuda. También le pidieron que regresara. Duró menos de dos años como misionero.

El primer hombre provenía de una denominación norteamericana que se oponía rotundamente a que los cristianos consumieran alcohol. Creyendo que esta postura era moralmente correcta, trató de convencer a sus hermanos franceses de seguirla. Para ellos, no solo estaba equivocado, sino que, aunque pudieran imaginar que estaba en lo correcto, sentían que estaba haciendo una tormenta en un vaso de agua. Estudiaba y mencionaba el tema con tanta frecuencia que muy pronto su posición se volvió insostenible.

El segundo hombre provenía de una denominación norteamericana libre, donde había adquirido muchas de sus prácticas éticas (no se pueden llamar principios). Los hermanos eslavos consideraban que era indisciplinado: ¡imagínate ir a sitios de natación mixtos! Eso es lo que hacen los incrédulos, exponer una gran parte de su cuerpo y socavar los esfuerzos cristianos para seguir los caminos de la castidad y la santidad. Lamentablemente, interpretó la postura de los hermanos como una interferencia con su libertad cristiana, y pronto se le instó a regresar a California.

Ambos ejemplos no se refieren a algo que Gavin Ortlund aborda directamente, es decir, los desafíos de las prácticas eclesiásticas interculturales, los códigos de conducta interculturales, la comunicación intercultural. Sin embargo, detrás de estos asuntos se encuentra un problema aún mayor, el tema que el Dr. Ortlund aborda con fuerza en este perspicaz libro: el triaje teológico.

Hasta donde sé, la expresión «triaje teológico» fue acuñada por primera vez por R. Albert Mohler, quien hizo una analogía con el triaje médico. En la escena de un terrible accidente u otro evento violento, puede haber muy pocos socorristas para tratar con todas las víctimas de inmediato. Deben tomarse decisiones: ¿la primera atención debe dirigirse a la víctima con quemaduras graves, la víctima que sangra profusamente o la víctima con un par de extremidades fracturadas? Es responsabilidad de los equipos de clasificación inicial tomar estas difíciles decisiones. Del mismo modo, en el ámbito de la teología, algunos temas teológicos son más importantes o urgentes que otros, y los cristianos que tienen que decidir cuál es la mejor manera de desplegar su energía necesitan ejercer un juicio piadoso sobre cuáles deben ser sus prioridades teológicas.

Ortlund desarrolla cuatro niveles en su sistema de clasificación teológica: (1) doctrinas que son *esenciales* para el evangelio; (2) doctrinas que son *urgentes* para la salud y las buenas prácticas de la Iglesia, de modo que los cristianos comúnmente se dividen en denominaciones por ellas; (3) doctrinas que son *importantes* para una rama de la teología u otra, pero no a tal grado que puedan conducir a la separación; (4) doctrinas que *no son importantes* para el testimonio del evangelio y la colaboración en el ministerio.

Por supuesto, algunos creyentes no aceptan esta clasificación del triaje. Señalan que, si la Biblia afirma algo, es la verdad de Dios y no debe ser relativizado o declarado más (o menos) importante que cualquier otra parte de la verdad de Dios. Otros recurren a lo que podría llamarse «teología CDB» (teología del común denominador más bajo). La pregunta importante en esta teología es: ¿qué es lo mínimo que cualquier persona debe creer y cumplir para ser cristiano? Ambas estrategias descartarán fácilmente todos los intentos de implementar el triaje teológico.

Es precisamente aquí donde Ortlund es un guía útil. Él señala que Pablo se refirió a ciertas doctrinas como «lo más importante» (1 Cor. 15:3, NTV), mientras que otras creencias permiten diferencias de opinión (Rom. 14:5). Ciertamente, cuando el apóstol se encuentra en diferentes entornos culturales, se siente libre para enfatizar cosas ligeramente diferentes a medida que considera a su audiencia (compara sus sermones en Hechos 13 y 17 respectivamente, uno en una sinagoga y otro en el Areópago). Este libro busca dar claridad en esta área. Cuando se trata de ejemplos concretos, Ortlund está menos interesado en que estés de acuerdo con todas sus conclusiones; el énfasis está en que aprendas a pensar sobre la importancia del triaje teológico.

Y esto se vuelve aún más importante cuando el triaje teológico se superpone con los desafíos de la comunicación intercultural.

Este libro es un pequeño ejercicio sobre cómo leer y utilizar la Biblia con humildad, cuidado, fidelidad y sabiduría, como obrero que no tiene de qué avergonzarse.

D. A. Carson

Agradecimientos

Uno de mis objetivos en este libro fue escribir con sensibilidad sobre los problemas reales que afectan a las iglesias locales. Así que realicé una serie de entrevistas a varios pastores para saber cómo las diferentes doctrinas han influenciado sus ministerios. Quiero expresar mi aprecio por las ideas de Brad Andrews, Jeremiah Hurt, J. A. Medders, Ben Vrbicek, Simon Murphy y Hans Kristensen. Kristensen y Murphy fueron de particular ayuda para darme un panorama de la situación en Australia y Singapur, donde ministran respectivamente. Agradezco a Collin Hansen y Jeff Robinson la invitación a escribir este libro y su colaboración en el camino. Greg Strand también ofreció comentarios útiles. Justin Taylor y Andy Naselli me dirigieron a varios recursos útiles. Todo el equipo de Crossway hizo, como siempre, un trabajo increíble.

Un agradecimiento especial a Thom Notaro por su cuidadosa edición.

Introducción

Hay un viejo refrán (no recuerdo dónde lo escuché): «No hay una doctrina por la que un fundamentalista *no luche*, y ninguna doctrina por la que un liberal *luche*». Estrictamente hablando, eso no es del todo justo para los liberales y fundamentalistas reflexivos. Pero probablemente podemos reconocer estos dos instintos. La mayoría de nosotros tenemos una tendencia a pelear por la doctrina demasiado o demasiado poco. Este libro trata de encontrar el buen equilibrio entre estos dos extremos, el lugar de la sabiduría, el amor y el valor que servirá a la Iglesia y al progreso del evangelio en esta época difícil. Es decir, trata de escoger las batallas que vale la pena librar.

Albert Mohler ha desarrollado una metáfora útil para esta idea: el *triaje teológico*.[1] El triaje es esencialmente un sistema de priorización. Se suele utilizar en contextos médicos. Por ejemplo, si eres médico en el campo de batalla, no puedes tratar a todos los soldados heridos simultáneamente, por lo que debes desarrollar un proceso para determinar qué heridas tratar primero.

---

1. Por ejemplo, ver R. Albert Mohler Jr., *The Disappearance of God: Dangerous Beliefs in the New Spiritual Openness* [La desaparición de Dios: creencias peligrosas en la nueva apertura espiritual], (Colorado Springs: Multnomah, 2009), 1–8.

El uso del concepto de triaje en el contexto de la teología supone dos cosas. En primer lugar, las doctrinas tienen diferentes grados de importancia. Vale la pena librar algunas batallas y otras no. Por más básico que parezca, mucha gente, ya sea en principio o en la práctica, niega esto (en un momento hablaré más al respecto). En segundo lugar, el triaje supone que hay necesidades que son urgentes. Puedes invertir tiempo arreglando un brazo fracturado si nadie tiene una hemorragia. Si no tienes un herido con un brazo fracturado ni un moribundo que atender, puedes prestar atención a un diente astillado o a un moretón. Pero cuanto más demandantes sean los asuntos que debes atender, más decisiones difíciles tendrás que tomar.

Del mismo modo, si las almas no perecieran, si nuestra cultura no pareciera escalar en un torbellino de confusión e indignación, si la Iglesia no tuviera tantas necesidades languidecientes, podríamos eliminar el triaje teológico y trabajar en cada doctrina a la vez. Pero las necesidades extremas de nuestros tiempos requieren que tomemos decisiones estratégicas de priorización para ser tan efectivos como sea posible en complacer a Cristo, servir a la Iglesia y haces progresar el evangelio.

Ahora, todo el mundo entiende lo importante que es el triaje en un contexto médico. ¡Piensa en lo que pasaría si no tuvieras un triaje! Una persona perdería una extremidad mientras a otra le curan una leve herida del brazo. En el peor de los casos, una persona moriría para que otra pudiera recibir un vendaje por un moretón.

Pero a menudo olvidamos pensar de la misma manera sobre la teología. A veces consideramos toda la doctrina en el mismo nivel de relevancia, ya sea porque queremos pelear por todo o porque no queremos pelear por nada. Más comúnmente, tenemos algún tipo de triaje teológico funcional, pero no lo hemos pensado de manera consciente. Como resultado, nuestra teología está determinada reactivamente por nuestras circunstancias y temperamento en lugar de proactivamente por las Escrituras y los principios. Hay diversas formas de hacer una distinción en las doctrinas.[2] En este libro sugiero cuatro categorías básicas. Podríamos explorar más subcategorías también, pero esta clasificación debería ayudar como punto de partida:

• Las doctrinas primarias son *esenciales* para el evangelio.

• Las doctrinas secundarias son *urgentes* para la salud y la práctica de la Iglesia, de tal manera que con frecuencia hacen que los cristianos se separen dentro de la iglesia local, la denominación o el ministerio.

• Las doctrinas terciarias son *importantes* para la teología cristiana, pero no lo suficiente para justificar la separación o división entre los cristianos.

• Las doctrinas cuaternarias *no son importantes* para nuestro testimonio del evangelio y la colaboración en el ministerio.

---

2. Erik Thoennes, *Life's Biggest Questions: What the Bible Says about the Things That Matter Most* [Las preguntas más importantes: Lo que la Biblia enseña sobre las cosas más relevantes], (Wheaton, IL: Crossway, 2011), 35, sugiere una división similar: «Los absolutos definen las creencias fundamentales de la fe cristiana; las convicciones, aunque no son creencias fundamentales, pueden tener un impacto significativo en la salud y la eficacia de la Iglesia; las opiniones son cuestiones menos claras sobre las que generalmente no vale la pena dividir; y las preguntas son cuestiones actualmente no resueltas». Otra forma de categorizar es el dogma, la doctrina y las opiniones (Roger E. Olson, *The Mosaic of Christian Belief: Twenty Centuries of Unity and Diversity* [El mosaico de la creencia cristiana: Veinte siglos de unión y diversidad], [Downers Grove, IL: InterVarsity Press, 2002], 44). Daniel B. Wallace, «My Take on Inerrancy» [«Mi perspectiva sobre la inerrancia»], Bible.org, 10 de agosto de 2006, https:// bible.org/article/my-take-inerrancy, proporciona una útil y ligeramente más matizada lista de cuatro tipos de doctrinas (cursivas suyas):
  1. ¿Qué doctrinas son esenciales para la *vida* de la Iglesia?
  2. ¿Qué doctrinas son importantes para la *salud* de la Iglesia?
  3. ¿Qué doctrinas son distintivas que son necesarias para la *práctica* de la iglesia local?
  4. ¿Qué doctrinas pertenecen al reino *especulativo* o no deberían nunca dividir a la Iglesia?

En este libro considero que la Trinidad, por ejemplo, es una doctrina primaria, el bautismo una doctrina secundaria y el milenio una doctrina terciaria (hablaré de esto más adelante). Un término más antiguo, tomado del griego, que corresponde a la cuarta categoría es *adiaphora*, que literalmente significa «cosas indiferentes». En los círculos luteranos y puritanos, este término se usaba para identificar las prácticas o puntos de vista que no están ordenados ni prohibidos por las Escrituras. Un ejemplo de una doctrina cuaternaria son los instrumentos musicales utilizados en el culto o el número de ángeles que existen. Las doctrinas cuaternarias pueden ser relevantes en la práctica o estimulantes intelectualmente, pero no son *teológicamente* importantes.

No todo encajará perfectamente en una de estas cuatro categorías, por supuesto.[3] Pero al menos proporcionan un marco básico a partir del cual podemos hacer más especificaciones y matices según sea necesario.

Puede que este libro te interese si has luchado con preguntas como estas:

- ¿Cómo buscamos que la oración de Cristo por la unidad de la Iglesia se cumpla (Juan 17:21) sin desobedecer Su encargo de obedecer todo lo que Él ordena (Mat. 28:20)?
- ¿Qué asociaciones y alianzas son apropiadas entre cristianos de diferentes denominaciones, redes o tribus?

---

3. Desarrollé por primera vez este esquema en mi artículo «When Should Doctrine Divide?» [«¿Cuándo debería dividir la doctrina?», Coalición por el Evangelio, 14 de agosto de 2017, https://www.thegospelcoalition.org/article/when-should-doctrine-divide. Parte de este libro amplía este artículo, así como a mi artículo anterior «3 Reflections on Cultivating Theological Poise» [«3 Reflexiones sobre cultivar el equilibrio teológico», Coalición por el Evangelio, 10 de agosto de 2015, https://www.thegospelcoalition.org/article/cultivating-an-ethos-of-poise.

- ¿Qué tipo de actitud y discurso son más útiles en nuestra interacción con aquellos en el cuerpo de Cristo con los que tenemos importantes desacuerdos teológicos?

- ¿Cómo debemos manejar, con integridad y transparencia, las diferencias personales de convicción que puedan surgir con tu iglesia, jefe, denominación o institución?

O, tal vez puedas identificarte con uno de los siguientes escenarios ficticios:

1. Eres relativamente nuevo en el equipo pastoral de una iglesia local. En una canción particular que la congregación está acostumbrada a entonar, tienes alguna objeción sobre parte de la letra. Te preguntas si es un asunto lo suficientemente grande como para abordarlo y, si es así, cuán pronto deberías abordarlo, y cómo debería ser el proceso y la comunicación.

2. Has estado trabajando en un ministerio paraeclesiástico durante varios años. Como parte de tu contrato, debes reafirmar anualmente tu compromiso con la declaración de fe de la denominación a la que está asociado el ministerio. La declaración de fe afirma una visión particular del final de los tiempos que no habías estudiado mucho cuando iniciaste el trabajo, y en ese momento estuviste de acuerdo en ratificarla. A lo largo de los años, sin embargo, te has inquietado por este punto de vista, aunque no estás totalmente decidido. Dudas en seguir estudiándolo, por miedo a aterrizar en un lugar que amenace tu trabajo. En tu conciencia, te preguntas en qué momento debes comunicar tus reservas sobre esta doctrina. ¿Solo cuando te hayas decidido completamente? Si es así, ¿cómo será ese proceso?

3. Un grupo de iglesias de tu comunidad está haciendo un servicio conjunto de adoración y proclamación. Tienes diferencias teológicas significativas con algunas de las otras iglesias que participan, y te preguntas si puedes participar con buena conciencia. ¿Cómo decides qué hacer? ¿Y cómo abordar esta situación con gracia y humildad sin comprometer tus convicciones?

4. Te encanta escuchar a un predicador de la Biblia en la radio. Sus sermones son tanto condenatorios como edificantes. Pero un día te enteras de que habla en conferencias que tienen un énfasis en «salud y riqueza», y empiezas a notar aspectos de su enseñanza que pueden ser interpretados de esta manera. ¿Cómo debería ser alterada tu percepción de su predicación por sus asociaciones ministeriales más amplias? ¿Cuán claramente debe su enseñanza virar hacia un evangelio de «salud y riqueza» antes de que dejes de escucharlo?

5. Estás es una relación y pensando en el matrimonio. Sin embargo, ustedes tienen diferentes puntos de vista sobre la expresión adecuada de los roles de género dentro del matrimonio. Han hablado de los problemas con otros cristianos de confianza y estudiado la cuestión con tu posible futuro cónyuge, pero no han llegado a una resolución. ¿Deberías terminar la relación? ¿Qué deberían hacer con sus diferencias?

Estos son algunos de los escenarios que tengo en mente mientras escribo este libro, aunque es de esperar que alcancemos más que una serie de respuestas a los «cómo» para preguntas como estas. En cambio, buscamos un conjunto de instintos teológicos que pueden guiarnos en varias situaciones de la vida real y el ministerio. Por lo tanto, las cuestiones tratadas en este libro tienen el propósito de ser ilustrativas, no exhaustivas.

Algunas de las doctrinas que cubriré son aquellas con las que he luchado personalmente, como la creación y el bautismo. Pero quiero dejar en claro desde el principio que mi deseo en este libro no es convertirlos a mi punto de vista sobre estas doctrinas (lo digo en serio). Más bien, estoy tratando de abarcar cómo abordamos toda la teología, tanto en la formación de nuestras convicciones como en el transitar de la vida y el ministerio a la luz de ellas. Espero sinceramente que este libro te ayude a formar tus propias convicciones sobre cómo debe funcionar el triaje teológico en tu vida y ministerio.

Escribo desde una perspectiva evangélica protestante, y me baso particularmente en los recursos de la tradición reformada. No obstante, los principios y temas tratados aquí tienen una amplia relevancia, y me encantaría que los cristianos de otras tradiciones, o los no cristianos, encontraran valor en este libro.

Una advertencia. Algunos de los temas que provocan más divisiones entre los cristianos no se refieren a asuntos teológicos en sí, sino a temas culturales, de sabiduría y políticos. Por ejemplo, ¿deberían los cristianos enviar a sus hijos a escuelas públicas, privadas o educarlos en casa? ¿Bajo qué circunstancias, si las hay, pueden los cristianos beber alcohol? ¿Cuándo y cómo (si es que se hace) se debe hacer referencia a los eventos políticos y culturales actuales en un servicio de la iglesia? Todas estas son preguntas importantes, pero en este libro me estoy centrando más en asuntos específicamente teológicos.

En los dos primeros capítulos, identificaré dos errores opuestos para proporcionar un marco general de reflexión sobre la importancia de la doctrina. Luego, en el capítulo 3, quiero hablar un poco sobre mi historia. Esto ayudará a explicar cómo surgió todo este tema para mí y por qué creo que es tan importante. También será de utilidad para sumergirnos en doctrinas específicas. En los capítulos 4 al 6 abordaremos una serie de doctrinas específicas a la luz del triaje teológico, tratando de identificar los criterios para clasificar la importancia de los diferentes asuntos.

PRIMERA PARTE

¿POR QUÉ UN TRIAJE TEOLÓGICO?

1

El peligro del sectarismo teológico

Es fácil perder el equilibrio cuando estás parado en un pie. La mejor postura es la del equilibrio entre ambos pies: una postura de *aplomo*. Por eso los boxeadores ponen tanto cuidado en su juego de piernas. En nuestra vida teológica también necesitamos aplomo. El carácter del evangelio es complejo. Contiene tanto la verdad como la gracia, tanto la convicción como el consuelo, tanto la dureza de la lógica como las profundas cavernas del misterio. En un momento es tan vigorizante como una brisa fría y al siguiente tan nutritivo como una comida caliente. La fidelidad al evangelio, por lo tanto, requiere más de una virtud. A veces debemos luchar con valentía y otras veces sondear con suavidad. En una situación debemos enfatizar lo que es obvio, y en otra debemos explorar lo que tiene matices.

Jesús es la mezcla perfecta de estas diversas cualidades: «Apacible y humilde de corazón» (Mat. 11:29), y sin embargo no temió limpiar el templo (Mat. 21:12-13) o denunciar a los fariseos (Mat. 23). La mayoría de nosotros, por el contrario, tiende a inclinarse *ya sea* hacia la valentía *o* hacia la dulzura, particularmente cuando se trata de un desacuerdo teológico. Por ejemplo, podemos ser naturalmente cuidadosos con la claridad teológica, pero tener un punto ciego para la destructividad de la división. En el otro sentido, podríamos horrorizarnos por la falta de amor que algunos cristianos exhiben, pero ser ingenuos sobre los efectos de la erosión doctrinal. Como señaló Martín Lutero: «La suavidad y la dureza [...] son los dos principales defectos de los que proceden todos los errores de los pastores».[1] Lo mismo podría decirse de todos los cristianos.

En este capítulo, abordaremos el peligro del sectarismo doctrinal, y en el capítulo siguiente su opuesto, el peligro del minimalismo doctrinal. Por sectarismo doctrinal me refiero a cualquier actitud, creencia o práctica que contribuya a una división innecesaria en el cuerpo de Cristo. El sectarismo doctrinal suele ser el resultado de la incapacidad de distinguir entre los diferentes tipos de doctrina. Así que debemos empezar por preguntarnos qué razón tenemos para hacer tales distinciones en primer lugar.

¿Todas las doctrinas son igual de relevantes?

La gente a menudo afirma que «todos los pecados son iguales ante los ojos de Dios». Eso suena espiritual porque parece tomar el pecado en serio. Y es cierto que cualquier pecado es suficiente para hacernos culpables ante un Dios santo. Por ejemplo, Santiago 2:10 enseña que «el que cumple con toda la ley, pero falla en un solo punto ya es culpable de haberla quebrantado toda».

---

1. Martín Lutero, *Luther's Works, vol. 25, Lectures on Romans* [Las obras de Lutero, vol. 25, Lecciones sobre Romanos], (St. Louis: Concordia, 1972), 139.

Pero si examinamos más de cerca, hay muchas cosas en la Biblia que nos desalentarían a considerar que todos los pecados son iguales. Los profetas denunciaron algunos pecados como más atroces que otros (Jer. 16:12; Ezeq. 23:11). Jesús habló de «los asuntos más importantes de la ley» (Mat. 23:23) y de menores y mayores grados de castigo para diferentes tipos de pecado (Mat. 10:15; Luc. 12:47-48; Juan 19:11). La ley del Antiguo Testamento consideraba diferentes tipos de pecados como «inadvertidos», a diferencia de los «deliberados» (Núm. 15:22-31). En 1 Juan 5:16-17 se distingue «un pecado que sí lleva a la muerte» de otros pecados. Como explica el Catecismo Menor de Westminster: «Algunos pecados en sí mismos, y por causa de varias agravaciones, son más atroces a los ojos de Dios que otros».[2]

De manera análoga, en principio podría parecer bueno decir que «todas las *doctrinas* son igual de relevantes», pero es una afirmación difícil de justificar bíblicamente. Pablo, por ejemplo, habla del evangelio como «lo más importante» (1 Cor. 15:3, NTV). En otros temas, a menudo da a los cristianos una mayor libertad para disentir. Por ejemplo, en Filipenses 3:15 escribe: «Y, si en algo piensan de forma diferente, Dios les hará ver esto también». En ciertos temas, va más allá y ordena a los cristianos que no deben «entrar en discusiones» (Rom. 14:1). Incluso en un tema tan importante como el bautismo, Pablo establece una prioridad para el evangelio: «Pues Cristo no me envió a bautizar, sino a predicar el evangelio» (1 Cor. 1:17).

¿Por qué es importante hacer distinciones doctrinales? ¿Qué está en juego? Para empezar, considerar como igual de

---

2. *The Shorter Catechism* [Catecismo Menor], P. 83, en *The Westminster Confession of Faith* [La confesión de fe de Westminster], (Glasgow: Free Presbyterian, 1966), 309–10.

relevantes todas las doctrinas lleva a una división innecesaria y socava la unidad de la Iglesia.

La división innecesaria daña la unidad de la Iglesia

Históricamente, y preocupados por la unidad de la Iglesia, los teólogos de la tradición reformada a menudo han establecido una distinción entre las creencias esenciales y las no esenciales. En el siglo XVII, Francis Turretin proporcionó una serie de argumentos que sostenían que ciertos «artículos fundamentales» son más importantes que otros.[3] Según él, algunas doctrinas son «primarias e inmediatas, como las relacionadas a la Trinidad, a Cristo como mediador, a la justificación, etc.», mientras que otras son «secundarias e intermedias», y solo aparecen como consecuencia de las doctrinas primarias.[4] Turretin también observó que las diferentes doctrinas cumplen diferentes funciones. Algunas doctrinas son necesarias para producir fe; otras son necesarias para perfeccionar y hacer crecer la fe.[5] Para apoyar esta observación, llamó la atención sobre la distinción entre la leche y los alimentos sólidos en Hebreos 5:12-14. Consideraba el alimento sólido como una metáfora de las doctrinas más establecidas y matizadas, y la leche como una metáfora de «los principios básicos de los oráculos de Dios» (v. 12).

Turretin también sostuvo que hay diferentes tipos de errores teológicos, con sus correspondientes niveles de gravedad. Por ejemplo, algunos errores se refieren únicamente al lenguaje o las frases doctrinales (él los llama «errores verbales»); otros se

---

3. Francis Turretin, *Institutes of Elenctic Theology* [Institutos de la teología eleática], trad. George Musgrave Giger, ed. James T. Dennison Jr., 3 vols. (Phillipsburg, NJ: P&R, 1992–1997), 1.14.1–27.

4. Turretin, *Institutes*, 1.14.8.

5. Turretin, *Institutes*, 1.14.7.

refieren a las doctrinas mismas (él los llama «errores reales»).[6] Además, podemos estar equivocados sobre la sustancia de una doctrina o sobre su modo y sus circunstancias. Por ejemplo, Turretin sostuvo que los griegos (a los que a menudo llamamos ortodoxos orientales) están equivocados sobre el modo de la procesión del Espíritu Santo, pero aclaró que esto no constituye un error sobre la propia Trinidad o la divinidad del Espíritu.[7] ¿Por qué era tan importante para Turretin distinguir entre diferentes tipos de doctrina y diferentes tipos de errores? En su propio contexto, Turretin se enfrentaba a dos amenazas distintas. Primero, le preocupaban las afirmaciones socinianas y católicas romanas de que sus doctrinas distintivas eran verdades fundamentales de la fe. Pero, en segundo lugar, a Turretin le preocupaban otras tradiciones protestantes ortodoxas que se dividían sobre asuntos no esenciales de la doctrina. En otras palabras, Turretin se oponía no solo a elevar lo que él consideraba doctrinas *falsas* a artículos necesarios de la fe, sino también a elevar doctrinas *verdaderas, pero secundarias*, a artículos necesarios de la fe. Esto preocupaba a Turretin porque conducía a una separación innecesaria entre los verdaderos cristianos. Por ejemplo, culpó a «los luteranos más estrictos que (para dificultar la unión con nosotros) extienden los fundamentos más de lo que es justo, convierten casi todo error en una herejía y hacen necesarias las cosas que son indiferentes».[8] Aquí es evidente que la preocupación de Turretin por elevar las doctrinas no fundamentales a un estatus fundamental deriva de una preocupación más profunda por la unidad de la Iglesia. El problema de convertir cada error en una herejía es que «hace más difícil la unión».

---

6. Turretin, *Institutes*, 1.14.12.
7. Turretin, *Institutes*, 1.14.15.
8. Turretin, *Institutes*, 1.14.2.

El reformador protestante Juan Calvino expresó una preocupación similar. En su famosa obra *Institución de la religión cristiana*, Calvino advirtió contra el error de la «separación caprichosa» de las iglesias verdaderas y los cristianos. Argumentó que lo que distingue a una iglesia verdadera es «el ministerio de la Palabra y el modo de celebrar los sacramentos». Si una iglesia posee estas distinciones, «no debemos rechazarla mientras las conserve, aunque de otro modo esté plagada de muchos defectos».[9] Calvino además admitió que puede haber errores en la *forma* en que una iglesia practica estas dos distinciones y, sin embargo, considerarla una iglesia verdadera: «Algunas faltas pueden presentarse en la administración de la doctrina o de los sacramentos, pero esto no debe alejarnos de la comunión con la iglesia».[10] ¿Pero cómo sabemos qué errores son tan graves como para requerir que nos separemos de una iglesia en particular? Calvino desarrolló una respuesta a este dilema apelando a una distinción entre las doctrinas primarias y secundarias:

> Porque no todos los artículos de la verdadera doctrina son igual de relevantes. Algunos son tan necesarios que deben ser aceptados incuestionablemente por todos los hombres como los principios propios de la religión. Tales son: Dios es uno; Cristo es Dios e Hijo de Dios; nuestra salvación descansa en la misericordia de Dios; y similares. Entre las iglesias hay otros artículos de doctrina que se disputan y que aún no rompen la unidad de la fe.[11]

---

9. Juan Calvino, *Institutes of the Christian Religion* [Institución de la religión cristiana], ed. John T. McNeill, trad. Ford Lewis Battles, 2 vols. (Louisville: Westminster John Knox, 2006), 4.1.12.

10. Calvino, *Institutes*, 4.1.12.

11. Calvino, *Institutes*, 4.1.12.

Como ejemplo de este último tipo de doctrina (por la que no es necesario romper la unidad de la fe), Calvino identifica una diferencia de opinión entre los que piensan que las almas de los creyentes vuelan al cielo al morir, y los que no se atreven a definir el lugar al que van las almas, sino que reconocen que viven para el Señor. Calvino cita Filipenses 3:15 e insiste en que tales diferencias de opinión no son una fuente de división, sino «contención desenfrenada y obstinación».[12] Incluso afirma que las iglesias no sobrevivirán si no están dispuestas a tolerar errores en asuntos menores:

> Una diferencia de opinión sobre estos asuntos no esenciales no debería ser la base del cisma entre los cristianos [...]. O acabamos con todas las iglesias, o condonamos la delusión en los asuntos que pueden permanecer desconocidos sin dañar a la religión y sin perder la salvación.[13]

Calvino argumentó enérgica y extensamente contra el pecado del cisma, enfatizando que la Iglesia siempre será imperfecta hasta el día del juicio, y que mucho separatismo proviene del orgullo más que de la santidad.[14]

La unidad de la Iglesia es esencial para su misión

La preocupación que Calvino y Turretin expresaron sobre la división innecesaria, provenía del valor que le daban a la unidad de la Iglesia. Deberíamos mantener esta preocupación hoy en día. Algunos de nosotros tenemos una inclinación natural a preocuparnos por el minimalismo doctrinal. Estamos ansiosos por «[luchar] vigorosamente por la fe encomendada una vez

---

12. Calvino, *Institutes*, 4.1.12.
13. Calvino, *Institutes*, 4.1.12. La traducción de Battles utiliza «condonamos el engaño», mientras que John Allen (1813) lo traduce como «perdonamos errores».
14. Calvino, *Institutes*, 4.1.13–22.

por todas a los santos» (Jud. 3), lo que nos hace estar alerta contra cualquier dilución de la verdad bíblica ante la presión cultural. Esto es bueno, pero debemos tener cuidado de no ser ingenuos sobre lo destructivos que pueden ser los pecados en la dirección opuesta. Es erróneo pensar que el minimalismo doctrinal es necesario o inherentemente más destructivo que el sectarismo doctrinal. Los errores en ambas direcciones pueden disminuir el impacto del evangelio.

La unidad de la Iglesia no es algo opcional que podemos buscar más tarde, una vez que hayamos aclarado nuestra doctrina. La unidad de la Iglesia es fundamental para su identidad y misión. Por ejemplo, es una de las cuatro marcas o atributos de la Iglesia reconocidas en los primeros credos: *una, santa, católica* y *apostólica*. ¿Pero qué significa, exactamente, decir que la Iglesia es *una*? ¿Cómo reconciliamos esta afirmación con las divisiones y rupturas que vemos a lo largo de la historia de la Iglesia y en la actualidad?

Afirmar la unidad de la Iglesia es afirmar que no hay grupos múltiples y distintos que constituyan pueblos separados de Dios. Jesús no tiene una pluralidad de novias. Tiene *una* sola novia, y su unidad es tan importante que, como estipula Pablo en Efesios 2:14, estaba entre los objetivos de la muerte expiatoria de Jesús: «Cristo [...] de los dos pueblos ha hecho uno solo, derribando mediante su sacrificio el muro de enemistad que nos separaba». En el contexto, Pablo habla de la unión de judíos y gentiles, pero su punto es también relevante para todas las expresiones de unidad en el cuerpo de Cristo, incluso entre varios grupos gentiles. Observa las palabras «su sacrificio». Fue a costa de la muerte de Jesús que fuimos reconciliados con Dios y, en el mismo evento, nos reconciliamos con los reconciliados con Dios. Si tenemos paz con Dios, tenemos paz entre nosotros. Nuestra unidad es tan importante que Jesús dio Su sangre por ella. Si valoramos la cruz, deberíamos valorar la unidad de la Iglesia. Cuando Pablo reprende a los facciosos corintios, lo hace señalando la muerte de Jesús por ellos como el objeto de su suprema lealtad: «¿Está dividido Cristo? ¿Acaso Pablo fue crucificado por ustedes?» (1 Cor. 1:13). No solo esto, la unidad de la Iglesia se basa en última instancia en la realidad más profunda de quién es Dios. Más tarde en Efesios, Pablo escribió: «Hay un solo cuerpo y un solo Espíritu, así como también fueron llamados a una sola esperanza; un solo Señor, una sola fe, un solo bautismo; un solo Dios y Padre de todos, que está sobre todos y por medio de todos y en todos» (Ef. 4:4-6; ver también 1 Cor. 1:10-17). Es sorprendente cómo Pablo entreteje la unidad de la Iglesia en este pasaje (un cuerpo, una esperanza, una fe y un bautismo) con la unidad trinitaria de Dios (un solo Espíritu, Señor, y Dios y Padre). Martyn Lloyd-Jones sugirió que Pablo probablemente estructuró este pasaje para mostrar que «la unidad de la Iglesia es una manifestación de la perfección de la Divinidad».[15]

Hay, por supuesto, diferentes expresiones de la unidad cristiana: ser ordenado en una denominación particular es una cosa; convertirse en miembro de una iglesia local es otra; asistir a una reunión de oración es otra; y hablar en una conferencia es otra. Deberíamos tener criterios teológicos más bajos para formas más sueltas de asociación. Hay una serie de matices que intervienen en el saber cómo buscar la unidad en una situación dada, y no podemos resolver todas las cuestiones aquí. Pero

---

15. D. Martyn Lloyd-Jones, *Christian Unity: An Exposition of Ephesians 4:1–16* [Unidad del cristianismo: Una exposición de Efesios 4:1-16], (Grand Rapids, MI: Baker, 1998), 49.

permítanme al menos marcar un punto básico: la unidad de la Iglesia es esencial para su *misión*.

Observamos esto, por ejemplo, en Juan 17:21, donde Jesús ora para que los que creen en Su nombre «sean uno», y continúa: «Padre, así como tú estás en mí y yo en ti, permite que ellos también estén en nosotros, para que el mundo crea que tú me has enviado». Es sorprendente que Jesús correlacione el tipo de unidad que los cristianos deben experimentar con la unidad que tiene con el Padre. Como seguidores de Jesús, somos llamados a ser uno, así como el Padre está en el Hijo, y el Hijo está en el Padre. Y esta unidad sirve a un propósito vital para la Iglesia: «Para que el mundo crea que tú me has enviado». Cuando pensamos en la unidad de la Iglesia, a menudo pensamos en su salud interna, evitando su división. Eso es cierto, por supuesto, pero en este pasaje Jesús revela que las implicaciones son mayores. La unidad de la Iglesia es esencial para el progreso del evangelio a nuestro alrededor.

No es necesario estudiar con detalle la historia de la Iglesia para saber que las iglesias no suele conocerse por su unidad. Aunque las estimaciones del número de denominaciones protestantes son a menudo exageradas,[16] la fragmentación es innegable. Los protestantes reflexivos siempre han lamentado este hecho. El teólogo holandés Herman Bavinck, por ejemplo, comentó que «el auge del sectarismo que ha acompañado al movimiento protestante es un fenómeno oscuro y negativo».[17] En el contexto de su tratamiento de la catolicidad de la Iglesia

---

16. Como un ejemplo de un estimado más elevado, ver «Status of Global Christianity, 2019, in the Context of 1900–2050» [«Estatus del cristianismo global, 2019, en el contexto de 1900-2050»], https://gordonconwell.edu/center-for-global-christianity/resources/status-of-global-christianity/, consultado el 3 de agosto de 2019. Las estimaciones elevadas típicamente tienen una definición muy vaga del término «denominación».

17. Herman Bavinck, «The Catholicity of Christianity and the Church» [«El catolicismo del cristianismo y la Iglesia»], trad. John Bolt, *Calvin Theological Journal*

(es decir, de su universalidad), Bavinck subrayó la importancia de reconocer una distinción entre las verdades fundamentales y las no fundamentales. Llegó al punto de afirmar que la incapacidad de reconocer a los verdaderos cristianos fuera del propio círculo conduce al detrimento espiritual y, en última instancia, a la muerte de ese grupo:

Ninguna iglesia, no importa cuán pura sea, es idéntica a la Iglesia universal. De la misma manera, ninguna confesión, no importa cuán refinada sea por la Palabra de Dios, es idéntica a toda la verdad cristiana. Cada secta que considera su propio círculo como la única iglesia de Cristo y hace reclamos exclusivos a la verdad, se marchitará y morirá como una rama cortada de su vid.[18]

No es difícil ver cómo puede suceder esto. Los resultados de la innecesaria división doctrinal (las divisiones de la Iglesia, el distanciamiento de la obra de Dios en nuestra ciudad, las oportunidades fallidas de estrechar esfuerzos con otros ministerios, y así sucesivamente) son increíblemente perjudiciales para la misión de la Iglesia. Aquellos que se aíslan completamente de otros cristianos genuinos no prosperarán. Dentro del cuerpo de Cristo, nos necesitamos los unos a los otros y a menudo necesitamos especialmente a aquellos cristianos que se inclinan en una dirección diferente a la nuestra. Como nos recuerda Collin Hansen, ver nuestros puntos ciegos y aprender a apreciar cómo Dios ha dotado a otros cristianos a menudo van de la mano:

---

27 [Diario teológico de Calvino] (1992): 247. Agradezco a Timothy Paul Jones por dirigirme a este artículo.

18. Bavinck, «Catholicity of Christianity and the Church», 250–51.

Es muy fácil percibir las faltas de otra persona o de otro grupo, pero muy difícil ver las limitaciones en nosotros mismos. Sin embargo, a menos que aprendas a ver las faltas en ti mismo y en tus héroes, no puedes apreciar cómo Dios ha dotado a otros cristianos [...]. Solo entonces podremos enfrentar los desafíos de nuestra época de rápidos cambios.[19]

Buscar la unidad de la Iglesia no significa que debamos dejar de preocuparnos por la teología. Pero sí significa que nuestro amor por la teología nunca debe exceder nuestro amor por la gente, y por lo tanto, debemos aprender a amar a la gente en medio de nuestros desacuerdos teológicos. Como explicó Spurgeon, hablando de George Herbert:

> Donde está el Espíritu de Dios debe haber amor, y si alguna vez he conocido y reconocido a un hombre como mi hermano en Cristo Jesús, el amor de Cristo ya no me obliga a pensar en él como un extraño o extranjero, sino como un conciudadano de los santos. Ahora, detesto la alta liturgia como mi alma detesta a Satán; pero amo a George Herbert, aunque George Herbert practica la alta liturgia. Detesto su alta liturgia, pero amo a George Herbert con mi alma, y tengo un cálido rincón en mi corazón para cada hombre que es como él. Si encuentro un hombre que ame a mi Señor Jesucristo como George Herbert, no hay duda de que lo amaré, porque no puedo evitarlo; a menos que deje de amar a Jesucristo, no puedo dejar de amar a los que lo aman [...]. Te desafiaré, si tienes algún amor por Jesucristo, a elegir entre Su pueblo.[20]

---

19. Collin Hansen, *Blind Spots: Becoming a Courageous, Compassionate, and Commissioned Church* [Puntos ciegos: Ser una Iglesia valiente, compasiva y comprometida], (Wheaton, IL: Crossway, 2015), 26.

20. Charles Spurgeon, sermón 668, «Unidad en Cristo», en *The Complete Works of C. H. Spurgeon* [Las obras de C. H. Spurgeon], vol. 12 (Cleveland, OH: Pilgrim, 2013).

¿Tenemos un «cálido rincón en nuestros corazones» para cada verdadero cristiano, aunque estemos en desacuerdo con él en varios asuntos? Spurgeon nos recuerda que, si amamos a Jesús, debemos amar a todos los que le pertenecen. Dejar de amar a la gente de Cristo, como él dice, es dejar de amar al mismo Cristo.

¡Pero amar a todos los cristianos no es fácil! Algunos inevitablemente te molestarán, y las cosas que algunos cristianos creen y practican pueden preocuparte profundamente (piensa en Spurgeon que «detestaba» la alta liturgia de Herbert). No obstante, no podemos endurecernos emocionalmente ante otros miembros del cuerpo de Cristo. Si amamos a Jesús, debemos amar a aquellos que le pertenecen.

Ahora, otra vez, es probable que este amor no se manifieste en última instancia en compartir una membresía de la iglesia. Hay diferentes expresiones de unidad. Y la reparación de la división en la iglesia es complicada; donde ha habido heridas reales, por ejemplo, puede ser necesario el enfrentamiento y la rendición de cuentas. Pero podemos empezar, al menos, con la actitud de nuestros corazones. ¿Queremos la unidad? ¿Es de valor para nosotros, como lo es para Jesús? Esta es una buena oración que deberíamos hacer:

> Señor, dame un «cálido rincón en mi corazón» para otros cristianos, especialmente aquellos que estoy tentado a rechazar o despreciar. Sé que no puedo resolver todas las divisiones en tu Iglesia, pero muéstrame cuál podría ser el siguiente paso para que yo busque, cultive y honre la unidad de tu novia.

Jesús nos dará gracia donde hemos fallado y nos ayudará a saber cómo seguir adelante.

Las disputas sobre doctrinas sin importancia dañan la piedad de la Iglesia

Debemos ir aún más lejos. El sectarismo doctrinal no solo perjudica la unidad y la misión de la Iglesia, sino también su santidad. Considera, por ejemplo, la forma en que Pablo establece las prioridades doctrinales en las epístolas pastorales. A través de estas cartas, Pablo advierte repetidamente tanto a Timoteo como a Tito que no participen en tontas disputas sobre mitos, genealogías y otros temas especulativos que ciertas personas están suscitando. Es sorprendente la frecuencia con la que Pablo basa su amonestación en el deseo por la *piedad* de las iglesias a las que Tito y Timoteo sirven. Consideremos las preocupaciones que Pablo articula en los siguientes pasajes:

- «Al partir para Macedonia, te encargué que permanecieras en Éfeso y les ordenaras a algunos supuestos maestros que dejen de enseñar doctrinas falsas y de prestar atención a leyendas y genealogías interminables. Esas cosas provocan controversias en vez de llevar adelante la obra de Dios que es por la fe» (1 Tim. 1:3-4).
- «Rechaza las leyendas profanas y otros mitos semejantes. Más bien, ejercítate en la piedad» (1 Tim. 4:7).
- «Ese tal padece del afán enfermizo de provocar discusiones inútiles que generan envidias, discordias, insultos, suspicacias y altercados entre personas de mente depravada, carentes de la verdad» (1 Tim. 6:4-5).
- «Timoteo, ¡cuida bien lo que se te ha confiado! Evita las discusiones profanas e inútiles, y los argumentos de la falsa ciencia. Algunos, por abrazarla, se han desviado de la fe» (1 Tim. 6:20-21).

- «No dejes de recordarles esto. Adviérteles delante de Dios que eviten las discusiones inútiles, pues no sirven nada más que para destruir a los oyentes» (2 Tim. 2:14).

- «Evita las palabrerías profanas, porque los que se dan a ellas se alejan cada vez más de la vida piadosa» (2 Tim. 2:16).

- «No tengas nada que ver con discusiones necias y sin sentido, pues ya sabes que terminan en pleitos» (2 Tim. 2:23).

- «Porque llegará el tiempo en que no van a tolerar la sana doctrina, sino que, llevados de sus propios deseos, se rodearán de maestros que les digan las novelerías que quieren oír. Dejarán de escuchar la verdad y se volverán a los mitos» (2 Tim. 4:3-4).

- «¡Y es la verdad! Por eso, repréndelos con severidad a fin de que sean sanos en la fe y no hagan caso de leyendas judías ni de lo que exigen esos que rechazan la verdad» (Tito 1:13-14).

- «Evita las necias controversias y genealogías, las discusiones y peleas sobre la ley, porque carecen de provecho y de sentido» (Tito 3:9).

Pablo nunca nos dice la naturaleza exacta de la falsa enseñanza que Timoteo enfrentaba en Éfeso, o Tito en Creta. En ambos casos parece implicar ciertos mitos y genealogías, ser altamente especulativa y vana (él llama a estas enseñanzas «necias» y carentes de «provecho y de sentido»), y causantes de disputas y dissensiones. Repetidamente, Pablo ordena que Tito y Timoteo se mantengan alejados de estas controversias porque no producen piedad.

Ahora bien, no nos enfrentamos a las mismas amenazas que Timoteo y Tito. Pero seguramente todos hemos sido testigos (o parte) de debates teológicos que no promueven la piedad de los participantes, sino que fomentan las disputas y la especulación vana. Deberíamos recordar constantemente la prioridad que Pablo da al evangelio y su carga pastoral por la piedad en estos pasajes. El objetivo de nuestra teología es «un corazón limpio, de una buena conciencia y de una fe sincera» (1 Tim. 1:5); debe evitarse el debate teológico que se aleja de este objetivo. Como dijo Kevin DeYoung, llamando la atención sobre estos mismos pasajes: «Debemos evitar las disputas teológicas que son especulativas (van más allá de las Escrituras), vanas (más sobre tener razón que sobre ser útil), interminables (ninguna respuesta real es posible o deseada), e innecesarias (mera semántica)».[21]

Una de las formas en que las disputas teológicas dañan la santidad de la Iglesia es desalentando el amor entre los cristianos. En su clásico libro *The Cure for Church Divisions* [La cura para las divisiones en la Iglesia], Richard Baxter nos advierte: «Están peligrosamente equivocados al pensar que Satanás solo tiene un camino para la condenación de los hombres. Hay tantos caminos al infierno, como para extinguir el amor».[22] Baxter continúa y sugiere que un espíritu excesivamente estricto y de búsqueda de fallas es uno de los principales medios de Satanás para desalentar el amor entre los cristianos:

> Satanás utilizará cualquier tipo de rigor con el que pueda mortificar el amor. Si puedes concebir tal rigor en las opiniones, o exactitud en las ordenanzas de la Iglesia, o rigor en el culto, que solo ayudan a matar el amor de los hom-

---

21. Kevin DeYoung, «Where and How Do We Draw the Line?» [«¿Dónde y cómo trazamos la línea?»], *Tabletalk 36*, *n° 7* (julio 2012): 14.

22. Richard Baxter, *The Cure for Church Divisions, or, Directions for Weak Christians to Keep Them from Being Dividers or Troublers of the Church with Some Directions to the Pastors How to Deal with Such Christians* [La cura para las divisiones de la Iglesia], (London: Symmons, 1670), 1.2.6.

bres, y a dividir a las iglesias, Satanás será tu ayudante, y
será el más estricto y exacto de todos: reprenderá a Cristo
como violador del sábado, y como glotón, y bebedor de
vino, y amigo (o compañero) de publicanos y pecadores, y
también como enemigo de César.[23]

Como resultado, Baxter advierte que un espíritu duro y
crítico nos asocia con Satanás:

> Piensas que cuando se enciende en ti la ira contra los hom-
> bres por sus faltas es ciertamente un celo divino; pero con-
> sidera si no tienes más cólera que amor, y si no buscas
> más deshonrar a tu hermano que sanarlo, o a provocar
> divisiones más que a resolverlas. Si es así, de acuerdo con
> Santiago, te engañas en cuanto al autor de tu celo (Sant.
> 3:15-16), ya que tiene un peor origen del que sospechas.[24]

Podría sonar duro decir que un espíritu sin amor y exi-
gente proviene del diablo. Sin embargo, las Escrituras nos
dan la base para considerar que este comportamiento peca-
minoso surge de las manos de Satanás. «El diablo los tiene
cautivos, sumisos a su voluntad» (2 Tim. 2:26). Satanás ejerce
«su poder en los que viven en la desobediencia» (Ef. 2:2). Incluso entre los cristianos, el pecado le da «cabida al diablo»
(Ef. 4:27).

Jesús incluso llama a Pedro (la roca de la Iglesia) «Satanás»
por su sabiduría mundana (Mat. 16:23). Cualquiera que haya
sido testigo directo de las consecuencias destructivas del celo
sin amor en la Iglesia, entenderá cómo ese espíritu puede servir
a los propósitos de Satanás. Los cristianos son muy capaces de
devorarse unos a otros (Gál. 5:15).

---

23. Baxter, *Cure for Church Divisions*, 1.2.6.
24. Baxter, *Cure for Church Divisions*, 1.2.6.

Las palabras de Baxter nos recuerdan que el celo teológico debe ser sometido a la prueba del amor. No todo el celo es de Dios. Incluso cuando el error al que nos oponemos es una herejía mortal, nuestro objetivo debe ser sanar, no deshonrar. Y en todos nuestros compromisos teológicos con los demás, debemos estar seguros de que nuestro objetivo es promover la piedad y el bienestar de la Iglesia.

Encontrar nuestra identidad en el evangelio

La división innecesaria es a menudo un problema del corazón. Es fácil para un espíritu de autojustificación cuidar nuestras características secundarias. Gran parte del separatismo doctrinal proviene de encontrar nuestra identidad en nuestras características teológicas cuando deberíamos encontrarla en el evangelio. Como John Newton sabiamente advirtió: «¡La autojustificación puede alimentarse tanto de doctrinas como de obras!».[25] Juan Calvino llegó a afirmar que «el orgullo o la altivez es la causa y el comienzo de todas las disputas».[26]

Sabemos que hay un espíritu de autojustificación respecto a nuestra teología cuando nos sentimos superiores a los cristianos de otros grupos, o cuando un creyente, iglesia o grupo en particular nos molesta indebidamente. Una cosa es estar en desacuerdo con otro cristiano. Eso es inevitable para cualquiera que piense. Otra cosa es cuando nuestro desacuerdo toma una actitud de desprecio, condescendencia o sospecha indebida hacia aquellos con los que no estamos de acuerdo. Si nuestra

---

25. John Newton, «On Controversy» [«Sobre las controversias»] en *The Works of John Newton* [Las obras de John Newton], vol. 1 (New Haven, CT: Nathan Whiting, 1824), 160.

26. Juan Calvino, *1 and 2 Corinthians* [1 y 2 Corintios], trad. William Pringle, vol. 20 de *Calvin's Commentaries* [Comentarios de Calvino], (Grand Rapids, MI: Baker, 1989), 158.

identidad depende de nuestras diferencias con otros creyentes, tenderemos a estudiar esas diferencias. Incluso podemos encontrarnos *buscando* faltas en los demás para definirnos a nosotros mismos.

Cuando notamos los síntomas del sectarismo doctrinal en nuestros corazones, necesitamos devolver nuestro nivel más profundo de lealtad emocional al propio Jesús. Él es quien murió por nosotros. Él es a quien responderemos en última instancia, y nos debemos a Él en primer lugar. Solo Jesús es digno de nuestra suprema lealtad y todas las demás doctrinas encuentran su lugar adecuado en relación con Él. Volvernos a Cristo para buscar nuestra identidad más profunda nos ayudará a mantener nuestras convicciones con confianza y gracia.

2

El peligro del minimalismo doctrinal

E l separatismo doctrinal es un verdadero problema. Pero no es el único. De hecho, a menudo reaccionamos a este problema girando hacia el extremo opuesto del espectro. Martín Lutero comparó la razón humana con un hombre ebrio a caballo, quien, cuando sube por un costado, cae por el otro. Así es con nuestra postura teológica y la dificultad de encontrar la sabiduría del *equilibrio*. Richard Baxter observó: «Se cometen muchos errores al alejarse demasiado de las faltas de otros».[1]

La trayectoria general de nuestra cultura, en particular entre las generaciones más jóvenes, tiende más hacia el minimalismo doctrinal y a la indiferencia. Hace 400 años, si adoptabas un punto de vista diferente sobre el bautismo, podían ahogarte por ello. Hoy en día, y de manera correcta, hemos dejado esa práctica atrás, pero me preocupa que a veces nos movamos al extremo opuesto, hacia la mentalidad que dice:

---

1. Citado en Iain H. Murray, *Evangelicalism Divided: A Record of the Crucial Change in the Years 1950 to 2000* [Evangelismo dividido: Un recuento de cambios importantes en los años 1950 a 2000], (Carlisle, PA: Banner of Truth, 2000), 299.

«¡Dejemos de dividirnos por la doctrina! Eso solo lastima a
la gente. Amemos a Jesús y alimentemos a los pobres». Esto
es minimalismo doctrinal. Por mucho que apreciemos la intención, llevar a cabo este
enunciado no es tan simple. Por ejemplo, para «dejar de dividir
y solo amar a Jesús» debemos definir «Jesús». Cuando lo hacemos, la división doctrinal es inevitable. De hecho, nos beneficiamos de las divisiones que ya han tenido lugar y, en muchos
casos, no se han resuelto. Por citar solo un ejemplo, las primeras
generaciones de disputas y divisiones de la Iglesia tardaron en
darse cuenta (entre otros puntos relacionados) de que Jesús tiene
dos naturalezas distintas; no es un híbrido divino-humano. Si
afirmamos con la definición calcedonia del 451 (que la mayoría
de los cristianos reconocen como ecuménica) que Jesús «debe ser
reconocido en dos naturalezas, sin confusión, sin cambios, indivisiblemente, inseparablemente», entonces nos estamos dividiendo
de los monofisitas de la Iglesia primitiva y de muchos cristianos
ortodoxos orientales de hoy en día.[2] Este es solo un ejemplo de
cómo la división doctrinal es inherente al uso del nombre Jesús.
Y hay muchos más ejemplos que podríamos utilizar.

En última instancia, la división doctrinal no se puede evitar.
Crees una cosa, y no crees su opuesto, por lo tanto, te divides,
en algún sentido, de aquellos que no comparten tu creencia.

¿Importan las doctrinas no esenciales?

Pero muchos de nosotros hoy en día hemos visto tendencias
tan destructivas relacionadas con el desacuerdo doctrinal, que
queremos mantenernos lo más lejos posible. A veces queremos

---

2. El monofisitismo es simplemente la visión de que Jesús tiene una naturaleza. Para
ser claros, la mayoría de los cristianos ortodoxos orientales de hoy, aunque rechazan la
cristología calcedonia, no afirman el monofisitismo, sino que sostienen una visión más
matizada llamada miafisitismo.

evitar por completo hablar de la doctrina (aunque esto es finalmente imposible). Otra tendencia es reducir nuestro enfoque doctrinal a un pequeño cuerpo de verdades relacionadas con el mensaje del evangelio y luego ignorar todo lo demás. A menudo he oído decir: «No es un tema del evangelio; es solo un tema secundario». Y, por supuesto, debemos distinguir entre el evangelio y las cuestiones secundarias. Pero si nos detenemos en esta distinción básica, corremos el riesgo de oscurecer el significado de las doctrinas secundarias. Me preocupa que cuando la gente haga esta distinción, se refiera a algo como: «Es un tema secundario; *por lo tanto, no importa realmente*».

Aunque simpatizo con el instinto de centrarse en el evangelio, debemos reconocer que distinguir entre el evangelio y otras doctrinas es una tarea complicada. Por ejemplo, las doctrinas pueden ser «secundarias» o «no esenciales» para el evangelio y, sin embargo, marcan la diferencia en *cómo defendemos* el evangelio. Consideremos el conocido dicho, a menudo falsamente atribuido a Agustín, pero que en realidad data de principios del siglo XVII: «En lo esencial, la unidad; en lo no esencial, la libertad; y en todas las cosas, la caridad». Esta afirmación tiene mucho de encomiable, pero también una debilidad: funciona solo con dos categorías (esencial y no esencial). Volvamos a nuestro esquema cuádruple:

- Las doctrinas primarias son *esenciales* para el evangelio.
- Las doctrinas secundarias son *urgentes* para la Iglesia (pero no esenciales para el evangelio).
- Las doctrinas terciarias son *importantes* para la teología cristiana (pero no esenciales para el evangelio o necesariamente urgentes para la Iglesia).
- Las doctrinas cuaternarias son *indiferentes* (no tienen importancia teológica).

Utilizo el término «importante» para la tercera categoría deliberadamente, aunque me doy cuenta de que podría ser engañoso. Refleja la preocupación de este capítulo de que *muchas doctrinas son importantes, aunque no nos dividamos debido a ellas.* «Importante» es, por supuesto, un término relativo (esperemos que colocándolo después de «urgente» y «esencial» quede claro que no me refiero a «importante para la salvación» o incluso «importante para la colaboración productiva»). Pero de nuevo, que una doctrina particular no sea importante para la salvación o la asociación no significa que no pueda ser importante en *ningún* sentido.

¿Por qué es así? ¿Por qué no equiparar lo «no esencial» con lo «indiferente» y agrupar todo en las categorías dos, tres y cuatro? Aquí daré cuatro breves razones de la importancia de las doctrinas no esenciales, aunque puede haber más.

1. Las doctrinas no esenciales son significativas para las Escrituras.

Imagina recibir una carta de tu amor perdido. Cada frase es preciosa para ti. No dejarías escapar nada. Así también, si consideramos la Biblia como divinamente inspirada, deberíamos reverenciar todo su contenido. Es la misma Palabra de Dios para nosotros. Es santa, desde el inicio. Cada frase debe ser atesorada.

Una consecuencia de restar importancia a las doctrinas no esenciales es, aunque sea inadvertidamente, restar importancia a la propia Escritura. Al principio de un libro sobre el gobierno de la Iglesia, el teólogo escocés del siglo xix, Thomas Witherow, observó:

> Es muy común que los cristianos profesos hagan una distinción entre lo *esencial* y lo *no esencial* en la religión, y

que se infiera que, si algún hecho o doctrina pertenece con razón a esta última clase, debe ser un asunto de muy poca importancia, y en la práctica puede quedar en la nada.[3]

Witherow reconoció la validez de la distinción entre las doctrinas esenciales y no esenciales, pero objetó la inferencia común de que algunas partes de la Biblia no importan. Siempre que preguntamos si algo es esencial, debemos también preguntar: «¿Esencial para qué?». Todo lo que Dios revela en las Escrituras es esencial para algo, o no estaría allí. «No esencial para la salvación» no significa que no tenga ninguna importancia.

Decir que, debido a que un hecho de la revelación divina no es esencial para la salvación carece de importancia, y puede o no ser recibido por nosotros es afirmar un principio cuya aplicación haría estragos en nuestro cristianismo. Porque, ¿cuáles son las verdades esenciales para la salvación? ¿No son estas: que hay un Dios, que todos los hombres son pecadores, que el Hijo de Dios murió en la cruz para expiar a los culpables, y que todo aquel que crea en el Señor Jesucristo será salvo? Pero si todas las demás verdades de la revelación no son importantes, porque no son esenciales, se deduce que la misma Palabra de Dios no es importante, porque la mayor parte de ella está ocupada con asuntos cuyo conocimiento no es absolutamente indispensable para la felicidad eterna de los hombres.[4]

---

3. Thomas Witherow, *Which Is the Apostolic Church? An Inquiry at the Oracles of God as to Whether Any Existing Form of Church Government Is of Divine Right* [¿Cuál es la Iglesia apostólica? Una investigación en los oráculos de Dios sobre si cualquier forma existente de gobierno de la Iglesia es por derecho divino], ed. R. M. Patterson (Filadelfia: Presbyterian Board of Publication, 1851), 5.
4. Witherow, *Which Is the Apostolic Church?*, 6–7.

La preocupación de Witherow es particularmente comprensible a la luz de la gran cantidad de la Biblia dedicada a lo que en última instancia debe ser categorizado como doctrinas no esenciales. Podemos decir mucho sobre la Biblia, pero podemos afirmar con certeza que no es un documento minimalista. Es sorprendentemente *detallado*. Considera la instrucción para todas las diferentes partes del tabernáculo (Ex. 25-30), o el número de Proverbios dedicados a temas mundanos como hablar en voz alta temprano en la mañana (Prov. 27:14), o la longitud y la sutileza de la enseñanza de Pablo sobre el matrimonio y la soltería (1 Cor. 7). Aparentemente Dios pensó que era importante para nosotros tener esta información. Si aislamos todo lo que está fuera del evangelio como una cuestión indiferente, terminaremos trivializando la mayoría de lo que Dios nos ha comunicado.

La propia Biblia recomienda una actitud de respuesta entusiasta a la Palabra de Dios en su totalidad. La confusión puede ser una respuesta comprensible para algunos pasajes, y la pena para otros; pero la indiferencia nunca debe ser nuestra respuesta. Así, los judíos de Berea son descritos como «más nobles» que los tesalonicenses porque recibieron la predicación de Pablo «con toda avidez y todos los días examinaban las Escrituras para ver si era verdad lo que se les anunciaba» (Hech. 17:11). Pienso en el rey Josías rasgando sus ropas cuando la ley es redescubierta (2 Rey. 22:11), o la alabanza de Dios a quien es humilde y contrito de espíritu y tiembla ante la Palabra (Isa. 66:2).

Una actitud relajada de «tómalo o déjalo» frente a la teología es totalmente incompatible con la forma en que debemos recibir la Palabra de Dios. Su contenido puede requerir temblor y desgarrar las vestiduras, pero nunca encogerse de hombros.

En su clásico libro *Knowing God* [Conocer a Dios], J. I. Packer incluso sugiere que el amor por toda la verdad de Dios es una marca distintiva de la regeneración. Después de citar el amor del salmista por la ley de Dios en el Salmo 119, Packer escribe: «¿No anhelan todos los hijos de Dios, con el salmista, saber tanto de nuestro Padre celestial como podamos aprender? ¿Que hayamos recibido un amor por Su verdad de esta manera, no es, en efecto, una prueba de que habremos nacido de nuevo?».[5] Todo creyente regenerado debe caracterizarse por la afirmación del Salmo 1:2: «Sino que en la ley del Señor se deleita, y día y noche medita en ella».

Por lo tanto, aunque finalmente concluyamos que la interpretación de un pasaje en particular no debe dividirnos de otros cristianos, no se deduce que debamos relegar ese pasaje al reino de *adiaphora* y decir: «¿A quién le importa?». Más bien, nuestro amor por el Señor que nos la dio, y nuestra reverencia por ella como Su Palabra, debería conducirnos a un estudio y esfuerzo diligentes para entenderla tanto como podamos, como hicieron los de Berea.

2. Las doctrinas no esenciales son significativas para la historia de la Iglesia.

Cuando visitamos un monumento o un museo dedicado a un acontecimiento histórico, con razón presentamos nuestros respetos a los sacrificios que otros han hecho. El Cementerio y Memorial Americano de Normandía nos recuerda el costo de nuestra actual libertad. El Museo del Holocausto en Washington, D. C., nos hace reflexionar sobre las atrocidades de las que somos capaces como seres humanos. Hacemos bien en

---

5. J. I. Packer, *Knowing God* [Conocer a Dios], (Downers Grove, IL: InterVarsity Press, 1973), 22.

reconocer y mostrar respeto por el sufrimiento y el sacrificio de aquellos que nos precedieron.

Los sacrificios que los cristianos han hecho a lo largo de la historia de la Iglesia pueden y deben jugar un papel análogo para nosotros. Históricamente, los cristianos han estado dispuestos a derramar su sangre no solo por el mensaje básico del evangelio sino también por un conjunto de verdades doctrinales que han entendido como importantes para el evangelio. Considera a aquellos que dieron sus vidas al manifestarse en contra de los abusos dentro de la iglesia antes y después de la Reforma. Juan Hus fue quemado en la hoguera por varios asuntos, incluyendo su discurso en contra de las indulgencias y el poder papal. Después de rechazar una última oportunidad de retractarse, oró: «Señor Jesús, es por ti que soporto pacientemente esta muerte cruel. Te ruego que tengas misericordia de mis enemigos».[6] William Tyndale fue ejecutado en gran parte por su escrito contra la anulación del matrimonio de Enrique VIII con Catalina de Aragón. Los obispos anglicanos Hugh Latimer, Nicholas Ridley y Thomas Cranmer estaban dispuestos a ser quemados en la hoguera por su oposición a las doctrinas católicas romanas como la misa y el papado. Se informa que cuando se dictó su sentencia, Latimer dijo: «Agradezco a Dios de todo corazón que haya prolongado mi vida con este fin, para que en este caso pueda glorificar a Dios con esa clase de muerte».[7]

En este lado del movimiento ecuménico, el estado de ánimo en las relaciones católico-protestantes es muy diferente. El

---

6. Justo L. González, *The Story of Christianity, vol. 1, The Early Church to the Dawn of the Reformation* [La historia del cristianismo, vol. 1: La Iglesia primitiva hasta la Reforma], (New York: HarperCollins, 1984), 351.

7. John McClintock y James Stock, *Cyclopaedia of Biblical, Theological, and Ecclesiastical Literature* [Enciclopedia de literatura bíblica, teológica y eclesiástica], vol. 5, (Nueva York: Harper and Brothers, 1891), 261.

secularismo es una marea que sube rápidamente. Muchas voces están pidiendo el fin de la Reforma.[8] Y, de hecho, ha habido importantes desarrollos doctrinales en el diálogo protestante-católico. En mi opinión, debemos acoger con satisfacción los esfuerzos de diálogo y acercamiento en medio de las diversas divisiones de la cristiandad y apreciar mucho de lo que ya está sucediendo. Al mismo tiempo, no debemos exagerar lo que se ha logrado. Sigue habiendo diferencias importantes. Cualquiera que sea nuestro enfoque del complejo desafío del esfuerzo ecuménico de hoy, no debemos ignorar o restar importancia a las cuestiones que siguen sobre la mesa. Identificar ciertas cuestiones como no resueltas no es en sí mismo divisivo. J. Gresham Machen explica: «A menudo se dice que el estado dividido de la cristiandad es un mal, y así es. Pero el mal consiste en la existencia de los errores que causan las divisiones y no en el reconocimiento de esos errores una vez que existen».[9] A la causa del verdadero ecumenismo no le sirve una postura indiferente hacia la teología que trivializa o pasa por alto las cuestiones que han causado la separación en primer lugar.

Tener en cuenta los sacrificios del pasado nos ayuda a recordar eso. Es difícil soportar la carne carbonizada de Latimer y Ridley, por ejemplo, y luego permanecer indiferente a las disputas sobre la Cena del Señor que llevaron a su muerte. Por supuesto, no siempre estamos de acuerdo con la postura de los cristianos de épocas anteriores. Pero no necesitamos

---

8. Por ejemplo, Mark A. Noll y Carolyn Nystrom, *Is the Reformation Over? An Evangelical Assessment of Contemporary Roman Catholicism* [¿La Reforma ha terminado? Una evaluación evangélica del catolicismo romano contemporáneo], (Grand Rapids, MI: Baker Academic, 2005).

9. J. Gresham Machen, *Christianity and Liberalism* [Cristianismo y liberalismo], (Nueva York: Macmillan, 1923), 50.

considerarlos infalibles para apreciar y aprender de su ejemplo. Puede y debe solemnizarnos la valentía, el cuidado y la convicción con que nuestros predecesores en la fe persiguieron la integridad teológica, incluso en varias doctrinas no esenciales.

3. Las doctrinas no esenciales son significativas para la vida cristiana.

No considero mi comprensión de la soberanía divina, por ejemplo, como un «asunto del evangelio» en todos sus matices, y acojo con gusto como hermanos y hermanas en Cristo a aquellos que mantienen una visión arminiana y wesleyana (y tengo mucho que aprender de ellos). Al mismo tiempo, mi comprensión de la soberanía de Dios tiene implicaciones significativas para la práctica diaria de mi cristianismo. Por ejemplo, afecta mi vida de oración de varias maneras. Así que sería un error, y una falta de respeto tanto para los calvinistas como para los arminianos, ignorar este tema como un asunto de irrelevancia.

Debemos recordar que a menudo no somos plenamente conscientes del papel que nuestra teología desempeña. Considera la doctrina de la intercesión celestial de Cristo. Aunque estoy convencido de que esta doctrina es parte del evangelio, no siempre somos conscientes de ello en nuestro compromiso con el evangelio. Es concebible que podamos entender y recibir el evangelio sin saber mucho sobre la intercesión de Cristo. Al mismo tiempo, estoy de acuerdo con William Symington en que la intercesión de Cristo es una de las doctrinas más nutritivas y edificantes en todo el ámbito de la creencia cristiana.[10]

---

10. William Symington, *On the Atonement and Intercession of Jesus Christ* [Sobre la unción y la intercesión de Jesucristo], (Pittsburgh, PA: United Presbyterian Board of Publication, 1864), iv.

¡Qué tragedia dejar de lado esta doctrina simplemente porque no es esencial para recibir el evangelio! No siempre podemos trazar en un gráfico cómo nuestra visión de la intercesión de Cristo afectará nuestra relación con Él en un día determinado. Es peligroso descartar una doctrina como inútil simplemente porque podría no calificar como un punto de primera categoría de la teología.

Consideremos, como otro ejemplo, la naturaleza de la presencia de Cristo en la Cena del Señor. Personalmente tengo un amplio entendimiento calvinista/reformado en el que Cristo está realmente presente en los elementos, pero de una manera espiritual. Sin embargo, no tendría problema en servir en una iglesia con alguien que tenga, digamos, una visión zwingliana memorialista de la Cena del Señor, en la que recordamos el sacrificio de Cristo, pero no nos damos un festín con Él como medio de gracia. No me divido de los demás sobre este tema.

Pero esto no significa que las diferencias entre estos dos puntos de vista no sean importantes. Tienen repercusiones pastorales y personales en la forma en que dirigimos y participamos en la Cena del Señor. Y se vinculan a grandes disputas que han ocurrido a lo largo de la historia de la Iglesia, más significativamente la preocupación protestante de la idolatría en la comprensión católica de la misa.[11]

Si pasamos por alto toda esta discusión histórica y adoptamos una mentalidad indiferente respecto a la teología, estaríamos actuando como la gente en el Libro de los Jueces, cuando «cada uno hacía lo que le parecía mejor» (Jue. 21:25).

---

11. Los otros principales puntos de vista son la transubstanciación (el punto de vista católico romano en el que los elementos del pan y el vino se convierten en el cuerpo y la sangre de Cristo) y la consubstanciación (el punto de vista luterano de que el cuerpo y la sangre de Cristo están «en, con y bajo» los elementos).

En su clásica polémica contra la teología liberal, *Christianity and Liberalism* [Cristianismo y liberalismo], J. Gresham Machen dedica el primer capítulo a la defensa de la afirmación de que la doctrina es esencial para la ortodoxia del cristianismo. En un momento dado, hace una pausa para aclarar que «no queremos decir, insistiendo en la base doctrinal del cristianismo, que todos los puntos de la doctrina son igualmente importantes. Es perfectamente posible que la comunidad cristiana se mantenga a pesar de las diferencias de opinión».[12] Luego identifica cinco ejemplos de doctrinas en las que los cristianos pueden estar en desacuerdo: 1) la naturaleza del milenio, 2) el modo y la eficacia de los sacramentos, 3) la naturaleza y las prerrogativas del ministerio cristiano (aquí tiene en mente la doctrina anglicana de la sucesión apostólica, en particular), 4) el calvinismo frente al arminianismo, y 5) las diferencias entre la iglesia de Roma y el protestantismo evangélico (aunque describe este último ejemplo como «más grave»).

La forma en que Machen expone cada uno de estos puntos es un buen ejemplo de triaje teológico. En cada caso, busca mantener la unidad sin diluir la importancia del tema. Por ejemplo, en el contexto de su exposición del segundo de estos cinco puntos, el modo y la eficacia de los sacramentos, Machen reconoce que este tema «es realmente serio, y negar su seriedad es una controversia mucho mayor que tomar el lado equivocado en la controversia misma».[13] Machen lamenta la división entre Lutero y Zwinglio sobre este punto en Marburgo en 1529, que impidió la unión de las ramas luterana y reformada del protestantismo. Enfatiza la tragedia de esta disputa,

---

12. Machen, *Christianity and Liberalism*, 48.
13. Machen, *Christianity and Liberalism*, 50.

culpando a Lutero, pero nos advierte que no debemos menospreciar la importancia de los asuntos en juego:

> Lutero se equivocó sobre la Cena, pero no tanto como lo habría hecho si, estando equivocado, hubiera dicho a sus oponentes: «Hermanos, este asunto es una nimiedad; y realmente no importa lo que un hombre piense sobre la mesa del Señor». Tal indiferencia habría sido más mortal que todas las divisiones entre las ramas de la Iglesia. Un Lutero que hubiera cedido con respecto a la Cena del Señor nunca habría dicho en la Dieta de Worms: «Esta es mi postura y de aquí no me muevo, que Dios me ayude, Amén». La indiferencia hacia la doctrina no produce héroes de la fe.[14]

En muchos otros temas, también, podríamos decir con Machen: «Mejor equivocarse que ser indiferente».

4. Las doctrinas no esenciales son importantes para las doctrinas esenciales.

En un contexto católico romano, Edward T. Oakes argumenta a favor de una «jerarquía» de la doctrina, razonando que las cuestiones menores ganan su importancia en relación con las mayores:

> La Iglesia ha reconocido desde hace tiempo que habla con diferentes niveles de autoridad y aborda cuestiones de mayor y menor importancia. De hecho, las mismas verdades que ella trata de proponer y defender están organizadas de acuerdo con una cierta jerarquía, con algunas doctrinas de mayor importancia (entre las que, por supuesto, se incluiría la cristología) y otras no tanto, de menor importancia, pero

---

14. Machen, *Christianity and Liberalism*, 50–51.

que *ganan su fuerza*, por así decirlo, por su relación con las verdades más relevantes. Por supuesto, las verdades que son implicaciones de las verdades «más elevadas» no son *menos* verdaderas, sino que adquieren el valor de su verdad por su relación (como implicaciones) con las doctrinas más fundamentales.[15]

Si las verdades menores y mayores tienen una relación entre sí, entonces es peligroso suponer que mientras una doctrina no forme parte del evangelio, no tiene importancia para el evangelio. Muchas doctrinas secundarias y terciarias influirán en *cómo* experimentamos o defendemos el evangelio. B. B. Warfield plasmó esta idea cuando escribió: «¿Por qué darle importancia a las pequeñas diferencias entre los que sirven al único Cristo? Porque vale la pena preservar un evangelio puro».[16]

¿Cómo es que las doctrinas que no son en sí mismas el evangelio nos ayudan a preservar un evangelio *puro*?

Algunas doctrinas *describen* el evangelio. Por ejemplo, Pablo enseña que hay una profunda conexión entre la relación matrimonial y la relación de Cristo con la Iglesia (Ef. 5:32). Por eso la forma en que la Iglesia se ha acercado históricamente a la interpretación del Cantar de los Cantares no es un instinto disparatado. También es una razón por la que es tan

---

15. Edward T. Oakes, *Infinity Dwindled to Infancy: A Catholic and Evangelical Christology* [El infinito reducida a infancia: Cristología católica y evangélica], (Grand Rapids, MI: Eerd mans, 2011), 395. Fui dirigido a esta cita por Luke Stamps, «Let's Get Our Theological Priorities Straight» [«Establezcamos nuestras prioridades teológicas»], Coalición por el Evangelio, 4 de junio de 2012, https://www.the gospel coalition.org/article/lets-get-our-theological-priorities-straight/. Como señala Stamps: «No es necesario abrazar la comprensión de Oakes del magisterio católico romano para apreciar su punto».

16. Benjamin B. Warfield, *Selected Shorter Writings* [Escritos cortos], vol. 2 (Nutley, NJ: Presbyterian and Reformed, 1973), 665–66.

problemático cuando los cristianos aceptan cambiar las definiciones del matrimonio hoy en día. Algunas doctrinas *protegen* el evangelio. Por ejemplo, es posible tener una poderosa comprensión del evangelio y, sin embargo, una visión relativamente pobre de las Escrituras. En mi opinión, C.S. Lewis encajaría en esta categoría, aunque tendríamos que desarrollar lo que queremos decir con «pobre» ¡Su punto de vista no era tan pobre como podría ser! Al mismo tiempo, sería una necedad concluir que lo que creemos sobre las Escrituras no tiene relación con la calidad de nuestro testimonio del evangelio. ¡Ni mucho menos! Mantener una visión elevada de la Palabra de Dios reverberará en prácticamente todas las formas en que buscamos cumplir nuestro llamado como pueblo de Dios.

Algunas doctrinas *pertenecen* al evangelio. Es rara la doctrina que puede ser separada del resto de la fe cristiana. Por lo tanto, restarles importancia a las doctrinas secundarias puede dejar a las primarias más insípidas y vulnerables. Considera, por ejemplo, tu punto de vista sobre la relación entre la Escritura y la tradición. No es fácil decir cómo esta cuestión constituye o contribuye materialmente al evangelio. Pero, por supuesto, es un punto significativo de diferencia entre las diferentes tradiciones cristianas que tiene todo tipo de consecuencias en la forma en que nuestra teología se desarrolla. Aquellos que son conscientes de cómo han jugado las diferencias sobre este tema en la historia de la Iglesia no pueden considerarlo como una cuestión sin importancia.

Hay un momento para defender la doctrina

La mayoría de nosotros reconocemos que una actitud pugnaz y mezquina hacia la controversia teológica es antitética al evangelio. Pero también lo es la *falta de voluntad* de defender la doctrina. El minimalismo y el indiferentismo doctrinales no tienen ninguna base. Es poco probable que un minimalista doctrinal diga, junto con Pablo, «Dios es siempre veraz, aunque el hombre sea mentiroso» (Rom. 3:4); es poco probable que los indiferentes estén tan comprometidos con el evangelio como para condenar a los ángeles que se apartan de él (Gál. 1:8).

Cada miembro de la Asamblea de Westminster que luchó por la reforma de la Iglesia de Inglaterra a mediados del siglo XVII tuvo que hacer un voto al ser admitido en la asamblea:

> Prometo solemnemente, en presencia de Dios Todopoderoso, que en esta Asamblea, de la que soy miembro, no sostendré nada en cuanto a doctrina, sino lo que crea más agradable a la Palabra de Dios; ni en cuanto a disciplina, sino lo que más pueda servir para la gloria de Dios y la paz y el bien de esta iglesia.[17]

Los enfoques modernos de la teología son a menudo demasiado informales para hacer votos como este. Podemos aprender mucho de estos santos sobre lo sagrado de nuestra tarea.

La teología se hace *coram Deo* (delante de Dios). La gloria de Dios y el bien de la Iglesia están en juego. Nada más que nuestra más profunda sinceridad y diligencia es suficiente para esta empresa. Se necesitará toda la valentía que poseemos.

---

17. Confesión de fe de Westminster (Glasgow: Free Presbyterian, 1966), 13.

3

Mi experiencia con las doctrinas secundarias y terciarias

Por lo general, es seguro ubicarse entre dos extremos. Eso es esencialmente lo que he hecho en los dos últimos capítulos. Con suerte, esto ha sido útil como punto de partida, especialmente, porque como he dicho, muchos de nosotros tendemos a inclinarnos en una dirección u otra. Pero ahora viene el trabajo más difícil: sondear dónde se encuentra el camino de la sabiduría entre estos dos extremos.

Como punto de partida, quiero compartir mi historia con ustedes. Mi interés en el triaje teológico no es académico. Es muy personal y ha afectado mi vida profundamente. Nunca me propuse buscar la división sobre la doctrina. Simplemente me ocupaba de mis asuntos y leía libros de teología. Que mi lectura pudiera traer *consecuencias* fue algo adicional. Pero también se convirtió en algo inevitable.

Permíteme comenzar por el principio.

Fui bautizado de niño en la Iglesia de Escocia (que es presbiteriana). Crecí asistiendo principalmente a iglesias presbiterianas, así como a una iglesia evangélica libre durante unos años cuando era niño. Durante la universidad trabajé con los grupos de jóvenes de dos iglesias presbiterianas diferentes, y después de la universidad fui a un seminario presbiteriano (Covenant Theological Seminary, en St. Louis). No puedo enfatizar lo suficiente mi gratitud por mis experiencias en estos contextos. Recuerdo las diversas iglesias a las que asistí mientras crecía como lugares saludables y felices. Me convertí en cristiano en una de ellas, la Iglesia evangélica libre de Crosslife en Libertyville, Illinois. Cada vez soy más consciente de lo raro que es poder mirar atrás a las experiencias de la infancia en la iglesia y no tener malos recuerdos, así que estoy agradecido.

Justo antes de comenzar el bachillerato, mi familia se mudó a Georgia, donde mi padre pastoreó la Primera Iglesia Presbiteriana en Augusta. Participé profundamente en el grupo juvenil de esta iglesia, y siempre estaré agradecido por la influencia que tuvo en mí. Mi mente está llena de recuerdos felices de viajes misioneros, días en la playa, momentos de adoración, etc. También asistí a una escuela cristiana por primera vez en mi vida, y las amistades y experiencias que encontré allí tuvieron un gran efecto en mí. Este fue un tiempo profundamente formativo en mi vida espiritual, y algunos de los recuerdos más felices y las mejores amistades de mi vida provienen de esos años.

Durante la universidad volví a trabajar con mi grupo de jóvenes durante varios veranos, y durante un verano también trabajé con el grupo de jóvenes de otra iglesia. Fue durante este tiempo que sentí un llamado al ministerio. Había estado luchando (sin darme cuenta del todo) con la duda de que, como otros en mi familia habían estado en el ministerio, no sería genuino de mi parte seguir ese mismo camino. Pero ese verano, mientras enseñaba la Biblia, dirigía la adoración con mi guitarra y perseguía a los estudiantes con el evangelio, pensé: «Para esto estoy en el planeta. Esto es lo que quiero hacer el resto de mi vida».

Me di cuenta de que, si bien mi familia no era una razón para entrar en el ministerio, tampoco era una razón para *no* entrar en el ministerio. Esto me liberó para considerar simplemente lo que Jesús *me* estaba llamando a hacer. Siempre estaré en deuda con la Primera Iglesia Presbiteriana, no solo por el papel espiritual que desempeñó en mi vida durante mis años de escuela secundaria, sino también por darme oportunidades durante mis años de universidad que me iniciaron en el camino vocacional que ahora estoy recorriendo.

Después de la universidad, mi esposa y yo fuimos al Covenant Seminary, donde obtuve un título de teología y ella un título de consejería. El seminario nos dio una hermosa imagen de lo que es «centrarse en el evangelio». De hecho, nuestros años allí fueron tan formativos que a menudo hablamos de establecer un «*ethos* del Covenant Seminary» como el objetivo de nuestro ministerio, a dondequiera que fuéramos. Es difícil describir exactamente lo que es un «*ethos* del Covenant Seminary», pero tiene que ver con una combinación de profundidad teológica y calidez relacional. La mayoría de los otros contextos en los que he estado tienden a enfatizar ya sea la teología o la amabilidad. Sentimos algo saludable y bello en la cultura teológica de Covenant, y siempre nos hemos sentido descontentos con la búsqueda de algo inferior.

En algún momento durante mis años en Covenant también empecé a escuchar sermones de Tim Keller, un pastor presbiteriano. No puedo describir la influencia que sus sermones (y ahora sus libros) han tenido en mí. Cuando me enfrento a un ministerio o a un tema teológico, es raro que *no diga*: «Me pregunto qué piensa Tim Keller de eso». Estoy enormemente en deuda con su ministerio.

Lo que quiero decir con todo esto es que no hubo ninguna insatisfacción personal, de ninguna manera, que me llevara a buscar un cambio de denominación. En cambio, miro hacia atrás a mi tiempo dentro del presbiterianismo con gratitud y nostalgia.

Inmerso en un estudio sobre el bautismo

Pero surgió un problema cuando estudié el tema del bautismo. Durante mi último semestre en la Universidad de Georgia, empecé a leer todo lo que pude sobre el bautismo. Nunca me había molestado en estudiarlo, pero ahora que me dirigía al pastorado, sabía que tenía que enfrentarlo porque afectaría donde podría ser ordenado. Para ser ordenado en un contexto presbiteriano, hay que aceptar las Normas de Westminster, que afirman que los hijos de padres creyentes deben ser bautizados cuando son niños.[1]

Continué luchando con este tema al llegar a Covenant. Durante mi primer año allí, hice de este tema mi proyecto personal. Recuerdo las conversaciones sobre el bautismo con amigos que duraron hasta bien entrada la noche, las horas en la oficina de los profesores hablando sobre este tema y las discusiones en clase. Recuerdo una larga tarde de otoño luchando con *The Biblical Doctrine of Infant Baptism* [La doctrina bíblica del bautismo infantil] de Pierre-Charles Marcel, y otro día entero de invierno ocupado con *Infant Baptism and the Covenant of*

---

1. Las Normas de Westminster son los documentos elaborados por la Asamblea de Westminster a mediados del siglo XVII, especialmente la Confesión de Fe de Westminster, el Catecismo Menor de Westminster y el Catecismo Mayor de Westminster. Muchas tradiciones reformadas y presbiterianas consideran estos documentos como normas doctrinales.

Grace [El bautismo infantil y el pacto de la gracia] de Paul Jewett; así como muchos otros libros similares, algunos a favor y otros en contra de esta práctica.

En abril de ese año, mis convicciones se habían solidificado en contra del paidobautismo (este es otro término para el bautismo infantil) y a favor del credobautismo (el punto de vista según el cual las personas apropiadas para el bautismo son aquellas que hacen una profesión de fe creíble). Mi esposa y yo nos unimos a una iglesia bautista y fui bautizado (sumergido en un río, para ser exactos). Este libro no es el lugar para abordar las razones por las que hice este cambio, del que he escrito en otro lugar. No quiero molestar a mis lectores paidobautistas más de lo necesario.

Ahora que no podía ser ordenado en los círculos presbiterianos, me enfrenté a un desafío. Toda mi red de contactos estaba en los círculos en los que había crecido, así que no sabía exactamente dónde encajaría dentro del mundo de los credobautistas. Terminé haciendo una pasantía pastoral en una iglesia bautista, donde pude estudiar más de cerca temas de la política de la Iglesia. Esta fue, una vez más, una experiencia positiva. Fuimos bendecidos al observar de cerca una iglesia saludable y fructífera (Iglesia Bautista Capitol Hill en Washington, D. C.).

Pero alrededor de esta época empecé a luchar con las principales prácticas bautistas en relación con el bautismo. El punto de vista tradicional bautista es que el bautismo después de una profesión de fe creíble no solo es la práctica prescrita por la Biblia, sino también una condición previa para la membresía de la iglesia y la participación en la Cena del Señor. Por ejemplo, el documento Fe y Mensaje Bautistas del año 2000, la Declaración de fe de la Convención Bautista del Sur (la denominación bautista más grande del mundo), estipula en relación con el bautismo: «Al ser una ordenanza de la iglesia, es un prerrequisito para los privilegios de la membresía de la iglesia y para la Cena del Señor».[2] Esta práctica, en particular la restricción de la Cena del Señor, es a veces referida como la posición de los «bautistas estrictos».

Un tema relacionado es el modo apropiado de bautismo. Históricamente, los bautistas han sostenido que el bautismo debe ser por inmersión. Por ejemplo, la Segunda Confesión de Fe de los Bautistas de Londres de 1689 estipula: «La inmersión de la persona en el agua es necesaria para la debida administración de esta ordenanza».[3] En la actualidad, la gente a menudo combina estos dos temas: las *personas* apropiadas para el bautismo y el *modo* apropiado del bautismo. Debemos recordar que las preguntas de *quién* y *cómo* son distinguibles, aunque a menudo van juntas.

Ahora bien, las diferentes tradiciones e individuos bautistas difieren en estos temas. Es complicado. Algunas iglesias bautistas de la actualidad requieren el bautismo para ser miembros, pero no para la Cena del Señor, por ejemplo. Del mismo modo, muchas iglesias bautistas son más permisivas en cuanto a la modalidad; podrían decir, por ejemplo, que la inmersión es la modalidad adecuada, pero que la aspersión o el vertido, aunque no es preferible, siguen siendo aceptables (especialmente en circunstancias especiales, como la escasez de agua o las dificultades de salud). Históricamente, incluso prominentes bautistas han diferido en estos temas. John Bunyan, por ejemplo, el autor

---

2. *2000 Baptist Faith and Message* [Fe y mensaje bautistas], 7. Para una buena revisión de esta perspectiva, ver Bobby Jamieson, *Going Public: Why Baptism Is Required for Church Membership* [Hacerlo público: Por qué el bautismo es requerido para la membresía de la iglesia], (Nashville: B&H, 2015).

3. *The Second London Baptist Confession of Faith of 1689* [Segunda confesión bautista de Londres de 1689], 29.4.

del famoso libro *El progreso del peregrino*, permitió que los paidobautistas se unieran a su iglesia. En su libro *Differences about Water Baptism No Bar to Communion* [Las diferencias sobre el bautismo en agua no son impedimento para la comunión] de 1673, ofreció diez razones para apoyar esta práctica. He luchado con estos temas y he aprendido a apreciar su complejidad, aunque en definitiva me encuentro incapaz de afirmar las prácticas bautistas más estrictas. Esto me ha dejado en un lugar un tanto solitario y aislado a nivel denominacional, ya que implica que soy inaceptable para la ordenación tanto entre los presbiterianos como entre muchos bautistas. También me han cerrado varias puertas desde entonces.

Desde el final de los tiempos hasta los días de la creación

Al dejar el mundo del presbiterianismo, navegaba por el mundo más amplio del evangelicalismo. Estas eran aguas desconocidas y agitadas. De repente, mi amilenialismo se hacía evidente.

El amilenialismo es la visión de que los «mil años» de Apocalipsis 20:4-10 se refieren al reino espiritual de Cristo desde el cielo durante la era de la Iglesia. Los puntos de vista alternativos son el premilenialismo, que sostiene que la segunda venida de Cristo vendrá antes del milenio, y el posmilenialismo, que sostiene que esa segunda venida de Cristo seguirá al milenio. La mayoría de las iglesias evangélicas de los Estados Unidos tienden al premilenialismo, en particular al premilenialismo *dispensacional*, que hace hincapié en el reino milenario literal de Cristo desde Jerusalén y en el cumplimiento de la profecía del Antiguo Testamento relativa al pueblo de Israel durante este tiempo.[4] En

---

4. Por ejemplo, una encuesta de 2011 realizada por la Asociación Nacional de Evangélicos encontró que, entre los evangélicos, «el 65 % se identifica con la teología

mi experiencia, muchos cristianos ni siquiera son conscientes de que hay otros puntos de vista diferentes a este.

Ser amilenial nunca había sido un problema en mi pequeño círculo presbiteriano. Ingenuamente pensé que otros círculos podrían ser igual de complacientes. Después de todo, como discutiré en el capítulo seis, el premilenialismo estuvo virtualmente ausente de la Iglesia entre Agustín y el siglo XVII, y en realidad solo comenzó en su forma actual en el siglo XIX. Me sorprendió descubrir cuántas denominaciones e iglesias aún citan el premilenialismo en sus declaraciones de fe. Así, habiéndome aislado efectivamente de la mayoría de la cristiandad en cuanto al bautismo, me di cuenta de que me había distanciado aún más de un gran número de iglesias libres debido a mi visión del milenio. Esta separación no era de ninguna manera mi intención o deseo. Simplemente fue el resultado de estudiar estos temas.

Luego llegó mi ordenación. Me integré al personal de una iglesia congregacional no confesional, y parte de mi proceso de ordenación implicaba escribir una larga declaración personal de fe. En la sección de escatología (la doctrina de las últimas cosas, o el fin de los tiempos), mencioné en una breve frase, el preterismo parcial, una visión escatológica que sostiene que algunas profecías bíblicas sobre el fin de los tiempos se cumplieron en el primer siglo.

De alguna manera, ya sea por un error o por desconocimiento de los términos, se les ocurrió a otros miembros de la iglesia que yo era simplemente un preterista. Si conoces esta discusión, sabes que el preterismo y el preterismo parcial

---

premilenial, el 13 % con la amilenial y el 4 % con la posmilenial. El 17 % respondió «otro» («Premilenialism Reigns in Evangelical Theology», Asociación Nacional de Evangélicos, enero de 2011, https://www.nae.net/premillennialism-reigns-in-evangelical-theology.

son muy diferentes. El preterismo parcial señala que algunos eventos escatológicos ya se cumplieron (como la llamada gran tribulación). El preterismo completo enseña que *todo* ya se ha cumplido (estamos viviendo en los nuevos cielos y la nueva tierra, Jesús ya ha regresado, y así sucesivamente). No hace falta decir que es importante distinguir entre estas dos posiciones sumamente diferentes. De hecho, diría que la diferencia es la de la ortodoxia contra la herejía. No uso la palabra con «h» a la ligera, pero la uso para el preterismo completo. El preterismo parcial, por otro lado, es una visión relativamente modesta sostenida por teólogos evangélicos conservadores como el difunto R. C. Sproul, aunque está en gran parte ausente de la conciencia evangélica más amplia.

Así que, como pueden imaginar, tuve algunas conversaciones interesantes con miembros de la iglesia que solo escucharon el término «preterismo» y no sabían qué hacer con él. Afortunadamente, los pastores que presidieron este proceso tuvieron la amabilidad de aprobar mi ordenación a pesar de sus propios desacuerdos con mi punto de vista.[5]

Finalmente, fui ordenado en la CCCC (Conferencia Cristiana Congregacional Conservadora), que es una denominación más pequeña de iglesias congregacionales. La CCCC ha sido una buena opción para mí en lo teológico, ya que enfatiza la unidad en lo esencial y la libertad en lo no esencial. La conferencia tiene documentos claros sobre temas sociales como el matrimonio y el aborto, pero es relativamente abierta sobre

---

5. Para ser claro, no me gusta llamarme a mí mismo «preterista parcial» porque la terminología es confusa, y porque pongo más énfasis que muchos otros preteristas parciales en las complejidades del cumplimiento profético que creo observamos en el Antiguo Testamento, como el cumplimiento dual, las contingencias históricas intermedias, etc. Pero acepto que estoy más inclinado hacia esta posición.

varios temas doctrinales como las mujeres en el ministerio, los dones espirituales, el milenio, etc.

También he apreciado ser parte de una específica y conocida denominación protestante cuyas raíces se remontan a la historia de la Iglesia. El congregacionalismo tiene una rica herencia en nuestro país que abarca figuras desde Jonathan Edwards hasta Harold John Ockenga, y juega un papel clave en la fundación de instituciones desde la Universidad de Harvard hasta la Asociación Nacional de Evangélicos. En la tierra puritana de Nueva Inglaterra, gran parte del cristianismo protestante era congregacional, y su historia en nuestro país es una consecuencia de la lucha puritana en la Iglesia de Inglaterra, específicamente entre «independientes» como John Owen, quien contribuyó a la Declaración de Saboya. Además, desde el principio, el congregacionalismo se posicionó como parte de la Iglesia histórica, al igual que las otras ramas principales del protestantismo, contra muchos anabaptistas. Así que el congregacionalismo es una forma de situarse en la corriente más amplia de la historia de la Iglesia. Es uno de los pequeños riachuelos en el río de la iglesia ortodoxa. Estoy agradecido de haber encontrado un «hogar» denominacional, al menos en términos de mi ordenación.[6]

El siguiente asunto fue el de los días de la creación. Ningún tema ha sido más desafiante para las relaciones de compañerismo y ministerio que este. ¿Cómo puedo describir la

---

6. El congregacionalismo es una parte mucho más pequeña de la Iglesia en los Estados Unidos de lo que solía ser. No se expandió hacia el oeste de manera tan efectiva como otras denominaciones, y en siglos posteriores la caída en el liberalismo fue posiblemente más drástica en el congregacionalismo que en otros segmentos de la Iglesia. Para una historia del congregacionalismo en los Estados Unidos, y una introducción a la CCCC específicamente, ver *Modern Day Pilgrims: The First Fifty Years of the Conservative Congregational Christian Conference* [Los primeros cincuenta años de la Conferencia Cristiana Congregacional Conservadora], (San Pablo, MN: CCCC, 2000).

sensación de ser un pastor evangélico conservador en Estados Unidos, pero no un creacionista de la tierra joven?[7] Ha sido como asistir a la Universidad de Tennessee siendo un fanático de Georgia. No ha sido fácil. No importa cuánto intentes enfatizar el evangelio y mantener tu punto de vista con gracia, hay algunos que siempre sospecharán de ti. Desafortunadamente, el tema de los días de la creación también me ha cerrado algunas puertas en las relaciones y el ministerio más de una vez.

Incluso en nuestra iglesia actual, me hicieron algunas preguntas puntuales durante mi fin de semana de candidatura sobre mis escritos referentes a este tema. Afortunadamente, nos las hemos arreglado para llevarnos bien, aunque algunos miembros tienen una visión de la creación diferente de la mía. De hecho, nuestra iglesia nos ha acogido y aceptado maravillosamente, mucho más de lo que merecemos. Pero este es otro tema que me ha llevado a considerar la importancia del triaje teológico.

Una mirada hacia atrás y hacia adelante

Cuando miro hacia atrás en la migración denominacional, veo la bondad y la provisión de Dios en el proceso. Pero no ha sido fácil. A lo largo del camino, he reflexionado mucho sobre cuándo y cómo la doctrina debería dividirse. No creo que lo haya entendido todo, y ciertamente no he hecho las cosas a la perfección.[8]

---

7. El creacionismo de la tierra joven es la visión de que los días del Génesis 1 son literalmente días solares de 24 horas, de tal manera que el mundo fue creado en un pasado relativamente reciente.

8. Es posible que me equivoque sobre algunos de estos problemas que acabo de mencionar. Estadísticamente, es probable que pienses eso, ya que las probabilidades son bastante escasas de que seas un credobaptista no estricto, amilenialista, creacionista

Pero a través de todo esto, me he convencido profundamente de que en la Iglesia tenemos que hacer un mejor trabajo al tratar los desacuerdos teológicos. Desafortunadamente, es común que los cristianos se dividan entre sí por asuntos relativamente insignificantes. En los peores casos, los cristianos se separan, a menudo de forma poco caritativa, por los desacuerdos más insignificantes. Por el contrario, muchos cristianos miran para otro lado frente a graves errores teológicos, como si la doctrina no fuera importante. Una actitud equilibrada sobre la teología es mucho más inusual. Necesitamos desesperadamente cultivar las habilidades y la sabiduría para hacer el triaje teológico de modo que incluso cuando una división doctrinal sea necesaria, se haga con el mínimo daño colateral para el reino de Dios.

Mi gran preocupación en este libro no es sobre el bautismo, los días de la creación, el milenio o cualquier otro tema de este tipo en sí. Si pudieras conocerme y escucharme predicar, notarías que estos temas no surgen con tanta frecuencia. Pero estoy profundamente comprometido a pensar en cómo estos temas y otros afectan a nuestra unidad y misión como la Iglesia de Jesucristo. Y sí, como argumentaré, creo que algunos de estos temas (especialmente los días de la creación y el milenio) no deberían dividirnos. También estoy interesado en la dimensión de nuestras actitudes hacia temas como estos. ¿Cómo defendemos nuestras opiniones con gentileza, humildad y amor? Se supone que nuestro discurso a los que están fuera de la Iglesia debe ser «amena y de buen gusto» (Col. 4:6), ¡seguramente nuestro discurso a los de una denominación diferente también debería serlo!

---

de la tierra vieja y preterista parcial (pero si es así, definitivamente debemos unirnos y tomar cualquier bebida que tu denominación permita).

Ocuparnos de las diferencias doctrinales de esta manera, sin comprometer ni la verdad ni el amor, requerirá que cultivemos la habilidad de clasificar la importancia de las diferentes doctrinas. Así que, en la segunda parte de este libro, consideraremos cómo *hacer* realmente el triaje teológico. ¿Qué son las doctrinas primarias? ¿Qué son las doctrinas secundarias? ¿Qué son las doctrinas terciarias? ¿Y cómo las distinguimos?

EL TRIAJE TEOLÓGICO
EN LA PRÁCTICA

4

Por qué defender
las doctrinas primarias

Tanto en la teología como en la guerra, hay batallas por las que vale la pena luchar. Si se pierden, todo estará perdido. Puedes equivocarte en una doctrina secundaria o terciaria y aún así tener una vida y un ministerio fructíferos, pero la negación de una doctrina primaria es una pérdida vital. ¿Qué hace que una doctrina primaria sea esencial para el evangelio? ¿Y cómo sabemos cuál es una doctrina primaria y cuál no? En este capítulo ofrezco una serie de criterios para clasificar las diferentes doctrinas y luego expongo dos razones por las que las doctrinas primarias son esenciales para sostener el evangelio, utilizando el nacimiento virginal y la justificación como ejemplos. Estas dos doctrinas proporcionan estudios de casos útiles para entender por qué las doctrinas primarias son tan vitales. Aquí sugiero dos razones superpuestas, pero distinguibles, por las que debemos luchar por las doctrinas primarias:

- Vale la pena luchar por algunas doctrinas primarias porque marcan una línea divisoria entre el evangelio y una ideología, religión o una visión mundana (como en el caso del nacimiento virginal).

- Vale la pena luchar por algunas doctrinas primarias porque constituyen un punto esencial del evangelio (como en el caso de la justificación).

Simplificando: algunas doctrinas primarias son necesarias para *defender* el evangelio y otras para *proclamar* el evangelio. Sin ellas el evangelio es vulnerable o incompleto.

Probablemente podríamos exponer más razones sobre la importancia de las doctrinas primarias, y ciertamente podríamos enumerar otros ejemplos, pero espero que este breve tratado ponga en perspectiva nuestra necesidad de defender con *valentía* y *convicción* las doctrinas que son esenciales para el evangelio.

Clasificación de las diferentes doctrinas

¿Cómo determinamos la importancia de una doctrina en particular? Erik Thoennes ofrece una útil lista de criterios:

1. Claridad bíblica.
2. Relevancia para el carácter de Dios.
3. Relevancia para la esencia del evangelio.
4. Frecuencia y significado bíblico (con qué frecuencia se enseña y qué peso se le da en las Escrituras).
5. Efecto sobre otras doctrinas.
6. Consenso entre los cristianos (pasado y presente).
7. Efecto en la vida personal y de la Iglesia.
8. La actual presión cultural para negar una enseñanza de las Escrituras.[1]

---

1. Erik Thoennes, *Life's Biggest Questions: What the Bible Says about the Things That Matter Most* [Las preguntas más importantes: Lo que la Biblia enseña sobre las cosas más relevantes], (Wheaton, IL: Crossway, 2011), 35–37

Un rasgo notable de los criterios de Thoennes es el interés recurrente en el *efecto* general de una doctrina: en la doctrina de Dios (2), en el evangelio (3), en otras doctrinas (5), en la vida de la Iglesia y de los cristianos individuales (7), y así sucesivamente. Esto se relaciona con un tema importante de este libro: que el triaje teológico no es principalmente un ejercicio intelectual, sino uno práctico. La sabiduría teológica no considera las doctrinas en abstracto, preocupada principalmente por la corrección técnica. En su lugar, considera las doctrinas en su influencia en la «vida real» de las personas, en situaciones reales y en las iglesias.

Por esta razón, la inteligencia y el estudio no son los únicos factores, ni siquiera necesariamente los más importantes, para hacer bien el triaje teológico. Al menos igual de importante es el deseo por la piedad y el florecimiento de la Iglesia. Esta preocupación práctica generará los tipos de instintos que permiten juicios piadosos y sabios, y nos ayudará a alejarnos de las consideraciones propias, como nuestras manías, prejuicios y preferencias. Incluso en nuestras polémicas teológicas, debemos exhibir un autocontrol que subordine nuestros gustos y disgustos personales a las preocupaciones del reino.

También debemos recordar que los criterios como los de la lista de Thoennes funcionan de manera acumulativa y general. Es posible que una doctrina sea primaria sin que necesariamente cumpla los ocho criterios. Por ejemplo, el nacimiento virginal solo se menciona en unos pocos pasajes bíblicos (criterio 4) y, sin embargo, se califica como una doctrina primaria. Del mismo modo, algunas doctrinas cumplen varios criterios, pero no llegan a ser primarias. Por ejemplo, algunas doctrinas que han sido ampliamente afirmadas por los cristianos a lo largo del espacio y el tiempo (criterio 6) no constituyen cuestiones de

ortodoxia. Las opiniones cristianas sobre los entierros contra
la cremación podrían ser un ejemplo.

Wayne Grudem ofrece una lista de preguntas que las iglesias
y organizaciones deben formular al considerar la posibilidad
de trazar un nuevo límite teológico:

1. Certeza: ¿cuán seguros estamos de que la enseñanza
   está equivocada?
2. Efecto sobre otras doctrinas: ¿esta enseñanza conduci-
   rá probablemente a una erosión significativa en otras
   doctrinas?
3. Efecto en la vida personal y en la Iglesia: ¿esta falsa
   enseñanza traerá un daño significativo a la vida cristiana
   de las personas, o a la obra de la Iglesia?
4. Precedente histórico: ¿esta enseñanza es contraria a lo
   que la gran mayoría de la Iglesia creyente de la Biblia
   ha sostenido a lo largo de la historia?
5. Percepción de importancia entre el pueblo de Dios:
   ¿existe un consenso cada vez mayor de que este asunto
   es lo suficientemente importante como para que la falsa
   enseñanza sea explícitamente negada en una declaración
   doctrinal?
6. Propósitos de la organización: ¿es la enseñanza una
   amenaza significativa para la naturaleza y los propósitos de la organización?
7. Motivaciones de los defensores: ¿parece que los defensores de esta enseñanza la sostienen debido a un
   rechazo fundamental a someterse a la autoridad de la
   Palabra de Dios, más que por las sinceras diferencias
   de interpretación basadas en normas hermenéuticas
   aceptadas?

8. Métodos de los defensores: ¿los defensores de esta enseñanza manifiestan frecuentemente arrogancia, engaño,
ira injusta, calumnia y falsedad en lugar de humildad,
apertura a la corrección y a la razón, la bondad y la
absoluta veracidad?[2]

La lista de Grudem, como la de Thoennes, llama la atención
sobre el efecto práctico general de una doctrina (especialmente
los puntos 2 y 3). Debemos ser prudentes, por supuesto, con
el criterio 7, ya que no podemos ver en última instancia los
motivos de los demás. Grudem también enumera varias preguntas que son erróneas y que no deben formar parte de la
consideración de una doctrina particular:

- ¿Son los defensores mis amigos?
- ¿Son gente amable?
- ¿Perderemos dinero o miembros si los excluimos?
- ¿La comunidad académica nos criticará por tener una
  mentalidad cerrada?
- ¿Alguien nos llevará a los tribunales por esto?[3]

Estas preguntas llaman la atención sobre el peligro de perder nuestra objetividad al hacer el triaje teológico. Una pregunta adicional que propondría es esta: «¿He tenido que librar
batallas por esta doctrina que me han afectado personalmente?». Es fácil exagerar la importancia de una doctrina con la
que tienes una historia en particular.

---

2. Wayne Grudem, «Why, When, and for What Should We Draw New Boundaries?» [«¿Por qué, cuándo y para qué debemos establecer nuevos límites?»], en *Beyond
the Bounds: Open Theism and the Undermining of Biblical Christianity* [Más allá de
las fronteras: Teísmo abierto y el socavar el cristianismo bíblico], ed. John Piper, Justin
Taylor, y Paul Kjoss Helseth (Wheaton, IL: Crossway, 2003), 362–69.
3. Grudem, «Why, When, and for What Should We Draw New Boundaries?», 369.

Las listas dadas por Grudem y Thoennes son un poco largas. Para un criterio un poco más resumido, podríamos usar las siguientes cuatro preguntas:

1. ¿Cuán clara es *la Biblia* sobre esta doctrina?
2. ¿Cuál es la importancia de esta doctrina para *el evangelio*?
3. ¿Cuál es el testimonio de la *Iglesia histórica* sobre esta doctrina?
4. ¿Cuál es el efecto de esta doctrina en la *Iglesia de hoy*?

Estas preguntas bíblicas, teológicas, históricas y prácticas no son todo lo que se necesita hacer; pero son un comienzo útil para hacer el triaje teológico.

Algunos se preguntarán cómo se relaciona el testimonio de la historia de la Iglesia (3) con el principio de la Reforma de *sola Scriptura* (solo por medio de la Escritura). La apelación de los Reformadores a la *sola Scriptura* como nuestra única autoridad *suprema* nunca tuvo la intención de excluir el testimonio histórico de la Iglesia de tener una autoridad menor y relativa. Es apropiado y necesario llevar a cabo, con el fin de hacer un triaje teológico, una cuidadosa consideración de la sabiduría de aquellos que nos han precedido en la fe.[4] Al mismo tiempo, la Escritura por sí sola ocupa la posición única de autoridad normativa y final. Como afirma la Confesión de Fe de Westminster: «El juez supremo por el cual todas las controversias de la religión deben ser determinadas, y todos

---

4. Desarrollé esta afirmación con más detalle en Gavin Ortlund, «*Sola Scriptura* Then and Now: Biblical Authority in Late Medieval and Reformation Context» [«*Sola Scriptura* antes y ahora: La autoridad Bíblica en el contexto de la Edad Media tardía y la Reforma», Credo 6, n° 4 (diciembre 2016); disponible en línea el 31 de enero de 2017, https://credomag.com/2017/01/sola-scriptura-then-and-now-biblical-authority-in-late-medieval-and-reformation-context/.

los decretos de concilios, opiniones de escritores antiguos, doctrinas de hombres y espíritus privados, deben ser examinados; y en cuya sentencia debemos descansar; no puede ser otro que el Espíritu Santo al hablar en la Escritura».[5]

¿Son las doctrinas primarias esenciales para la salvación?

A veces, la gente define las doctrinas esenciales como aquellas que deben ser afirmadas para experimentar la salvación. Sin embargo, en ciertas circunstancias, la gente experimenta la salvación con una información muy limitada. El ladrón en la cruz es un ejemplo clásico. No está claro que el ladrón afirmara personalmente la Trinidad. Parece muy probable que no poseyera esta información en su circunstancia. Suponiendo, por el bien del argumento, que esto sea correcto, esto no excluiría a la Trinidad de ser una doctrina primaria.

Algunas directrices nos pueden ayudar en este punto. En primer lugar, debemos distinguir entre lo que debe ser *afirmado* y lo que *no debe ser negado*.[6] Algunos cristianos carecerán de la capacidad mental, la conciencia teológica o la capacidad comunicativa para expresar varias doctrinas primarias. Por ejemplo, ¿se requiere que un niño de ocho años articule correctamente la relación de las naturalezas divina y humana de Cristo antes de aceptar su fe como sincera? Por supuesto que no. Pero estas siguen siendo doctrinas primarias; están implícitas en cualquier confesión del evangelio, y no deben ser negadas.

Referente a esto, debemos distinguir entre lo que se debe afirmar cuando *alguien nace de nuevo* y lo que se debe ratificar

---

5. Confesión de Fe de Westminster, 1.10.
6. Sobre este punto, ver Michael E. Wittmer, *Don't Stop Believing: Why Living Like Jesus Is Not Enough* [No dejes de creer: ¿Por qué vivir como Cristo no es suficiente?], (Grand Rapids, MI: Zondervan, 2008), 43.

como *característica del crecimiento en Cristo a lo largo del tiempo.* No sería útil exigir que cada cristiano afirmara toda doctrina primaria en el momento de su conversión. En la vida real, la gente viene a menudo a Cristo sin oír hablar de todas las doctrinas primarias, y crece en su comprensión de estas doctrinas con el tiempo (esperemos que sea con rapidez y no con lentitud).

Además, cuando se niega una doctrina primaria, hay que distinguir entre una negación basada en la ignorancia o la confusión y una negación consciente y deliberada. Los cristianos sinceros pueden tener una comprensión parcial o confusa de varias doctrinas primarias y, por lo tanto, declaraciones, oraciones y afirmaciones imperfectas relacionadas con ellas. La mayoría de nosotros hemos escuchado una oración agradeciendo a Dios Padre por morir en la cruz. Esta es técnicamente la antigua herejía llamada patripasianismo, rechazada por la Iglesia primitiva; pero sería un error pastoral profundo declarar a alguien hereje por cometer este error. Debemos distinguir entre ovejas confundidas y lobos activos.

¿Hay algún momento en el que un verdadero cristiano niegue una doctrina primaria? ¿Cuánto error podemos tolerar antes de perder la confianza en la salvación de alguien? Es difícil de decir. El corazón a menudo tiene mejor teología que el cerebro. En este capítulo, identificaré el nacimiento virginal como esencial; pero no juzgo que Emil Brunner (quien lo negó) no haya sido regenerado. Los juicios sobre la salvación personal de los demás son precarios. No vemos dentro del corazón. No conocemos los pensamientos y las decisiones finales de una persona. Es Dios quien, en última instancia, ejerce ese juicio, y sería sabio de nuestra parte ser cautelosos.

En lugar de insistir en una declaración precisa de cada doctrina primaria para la salvación, una manera más cuidadosa de proceder sería, que si alguien niega conscientemente un principio doctrinal primario, no podemos estar seguros de la salvación de esa persona. Pero probablemente sería mejor concentrar nuestro enfoque en si permitiríamos a esa persona ser miembro de nuestra iglesia, que especular sobre el estado de su alma. Es asunto de Dios regular la entrada al cielo, y el nuestro regular la entrada a la iglesia. Como dijo Herman Witsius hace mucho tiempo: «Puede que no sea seguro y conveniente recibir en la comunión con la iglesia a una persona acusada de algún error o pecado; a quien, sin embargo, no deberíamos atrevernos, a excluirlo del cielo, a causa de ese error o pecado».[7]

El nacimiento virginal

El nacimiento virginal no es ahora el punto de controversia doctrinal que fue durante la controversia fundamentalista-modernista, cuando se puso en tela de juicio junto con otros «fundamentos» de la fe cristiana, tras el auge de la erudición bíblica más crítica y el liberalismo teológico. No obstante, puede servir como ejemplo de una doctrina primaria esencial para la defensa del evangelio contra las ideologías o cosmovisiones rivales. En 1930, J. Gresham Machen ofreció una defensa significativa del nacimiento virginal basada en diversas consideraciones históricas, textuales y teológicas.[8] El argumento histórico que N. T. Wright ha usado recientemente para la resurrección (a saber, que su aparición temprana en la historia apoya su verosimilitud), Machen lo usó hace casi un siglo para el nacimiento virginal.

---

7. Herman Witsius, *Sacred Dissertations on the Apostles' Creed* [Disertaciones sagradas sobre el credo de los apóstoles], trad. Donald Fraser, vol. 1 (Grand Rapids, MI: Reformation Heritage Books, 2010), 28-29.

8. J. Gresham Machen, *The Virgin Birth of Christ* [El nacimiento virginal de Cristo], (1930; reimp., Grand Rapids, MI: Baker, 1965).

Después de su defensa de cuatrocientas páginas sobre el nacimiento virginal, Machen llegó a «la última cuestión de la cual es necesario que nos ocupemos: la importancia del nacimiento virginal para el cristiano».[9] La respuesta de Machen nos proporciona un modelo útil para hacer un triaje teológico de las doctrinas primarias. Aunque estamos en un contexto diferente, los principios involucrados en la defensa de Machen siguen siendo muy relevantes y útiles.

En primer lugar, Machen distinguió entre afirmar el nacimiento virginal y el afirmarlo como *una doctrina primaria*. Reconoció que en su época había «muchos que nos dicen que, aunque ellos mismos creen en el nacimiento virginal, no afirman que esa creencia sea importante para todos los hombres o esencial incluso para el testimonio global de la Iglesia».[10] En contraste con este enfoque, Machen argumentó que el nacimiento virginal no es un asunto de juicio privado, sino que es esencial para el culto, el testimonio y la vitalidad de la Iglesia. Para apoyar esta afirmación, desarrolló tres consideraciones.

Primero, Machen afirmó que el nacimiento virginal es «evidentemente importante para la cuestión general de la autoridad de la Biblia».[11] Después de todo, incluso entre los que niegan el nacimiento virginal, se admite generalmente que la Biblia afirma esta doctrina. Por lo tanto, las diferencias no son el resultado de diferentes interpretaciones de los pasajes relevantes, sino de una interpretación diferente de la naturaleza de la autoridad bíblica. Por consiguiente, Machen argumentó que la negación del nacimiento virginal compromete una doctrina adecuada de la Escritura.[12]

---

9. Machen, *Virgin Birth of Christ*, 382.

10. Machen, Virgin Birth of Christ, 382.

11. Machen, Virgin Birth of Christ, 382.

12. Machen, Virgin Birth of Christ, 382-387.

En segundo lugar, Machen sostuvo que el nacimiento virginal es importante «como prueba para que un hombre determine si él u otros tienen una visión naturalista o sobrenaturalista con respecto a Jesucristo».[13] Machen reconoció que negar el nacimiento virginal no es necesariamente negar lo sobrenatural; ni tampoco afirmar el nacimiento virginal implica necesariamente afirmar la deidad de Cristo. No obstante, consideró el nacimiento virginal como una prueba de fuego particularmente útil para distinguir la cristología ortodoxa de las opiniones revisionistas de los modernistas que afirman la «deidad» y la «resurrección» de Cristo, mientras que se refieren a algo totalmente diferente con estos términos.[14]

Finalmente, Machen insistió en que el nacimiento virginal tiene una importancia intrínseca, de modo que, «sin la historia del nacimiento virginal, faltaría algo importante en la visión cristiana sobre Cristo».[15] El nacimiento virginal es una parte fundamental de todo el mensaje cristiano de Jesús, y señala y protege Su carácter sobrenatural. Específicamente, Machen sugirió que el nacimiento virginal nos protege contra varias herejías cristológicas, nos permite sostener una doctrina completa de la encarnación, y guarda e ilumina la naturaleza sin pecado de Jesús.[16]

Machen no llegó al punto de insistir en que la afirmación del nacimiento virginal es esencial para la salvación personal. «¿Quién puede señalar exactamente cuánto conocimiento de los hechos sobre Cristo son necesarios para que un hombre tenga una fe salvadora? Nadie más que Dios puede determinarlo».[17] Sin

---

13. Machen, Virgin Birth of Christ, 387.
14. Machen, Virgin Birth of Christ, 387-391.
15. Machen, Virgin Birth of Christ, 392.
16. Machen, *Virgin Birth of Christ*, 394-395.
17. Machen, *Virgin Birth of Christ*, 395.

embargo, Machen distinguió entre lo que debemos afirmar para la salvación individual y lo que debemos afirmar para la salud de la Iglesia en nuestra generación: «Aunque el nacimiento virginal no es necesario para todo cristiano, es ciertamente necesario para la cristiandad».[18] El cuidado de Machen en este punto nos anima a considerar algunas distinciones finas en la evaluación de las doctrinas primarias. Es posible, estrictamente hablando, afirmar la encarnación sin afirmar el nacimiento virginal y, sin embargo, la negación del nacimiento virginal hace un daño vital a nuestra visión de la encarnación. Como escribió F. F. Bruce:

> Hay quienes, en efecto, reconocen la encarnación de nuestro Señor sin creer en Su nacimiento virginal, al igual que otros, los musulmanes, por ejemplo, creen en Su nacimiento virginal pero no en Su encarnación. Pero es innegable que Su encarnación y Su nacimiento virginal están íntimamente ligados en la fe histórica de la Iglesia.[19]

Bruce enfocó la atención sobre cómo la singularidad de la encarnación en sí misma señala la idoneidad e incluso la inevitabilidad de que el *medio* de la encarnación de Cristo sea único entre los nacimientos humanos.[20] En consecuencia, citó con aprobación la conclusión de W. R. Matthews: «Aunque aún podemos creer en la Encarnación sin el nacimiento virginal, no sería precisamente la misma Encarnación, y la concepción del acto de redención de Dios en Cristo estaría sutil, pero definitivamente, cambiada».[21]

---

18. Machen, *Virgin Birth of Christ*, 396.

19. F. F. Bruce, «The Person of Christ: Incarnation and Virgin Birth» [«La persona de Cristo: Encarnación y nacimiento virginal»], en *Basic Christian Doctrines* [Doctrinas cristianas básicas], ed. Carl F. H. Henry (Nueva York: Holt, Rinehart, and Winston, 1962), 128.

20. Bruce, «Person of Christ», 128.

21. Bruce, «Person of Christ», 129–30.

La forma en que Machen aborda el nacimiento virginal puede ayudarnos a reflexionar sobre la importancia de las doctrinas primarias hoy en día. En primer lugar, llama la atención sobre la manera en que las doctrinas primarias a menudo se relacionan con el papel de la autoridad bíblica en nuestra teología. Aunque muchas diferencias en el ámbito de las doctrinas secundarias y terciarias se reducen a diferentes interpretaciones entre los que sostienen la autoridad de la Escritura, la aceptación o el rechazo de una doctrina primaria es a menudo parte integral de la aceptación o el rechazo de la propia Escritura (se admita o no).

La autoridad bíblica es una de las cuestiones más apremiantes para la vida y la salud de la Iglesia: garantiza que sigamos siendo los juzgados, no los jueces, en nuestra relación con Dios y la verdad. Es fácil, incluso teniendo una visión completa de la Biblia, dejar que alguna otra ideología o valor filtre qué partes de la Biblia *tienen* autoridad sobre nosotros. Un cristiano saludable será continuamente corregido y restaurado por la Palabra de Dios, y se someterá a ella, incluso se deleitará en este proceso de corrección. Una razón por la que vale la pena luchar por las doctrinas primarias es que su negación debilita el papel autoritativo y correctivo que la Palabra de Dios debe tener sobre nosotros.

Como una extensión del segundo punto de Machen, podemos observar que una característica frecuente de las doctrinas primarias es que están ligadas a conflictos más amplios de cosmovisión entre el cristianismo histórico y las herejías o modas actuales. El evangelio siempre está en conflicto con los «espíritus de este siglo». En los días de Machen, por ejemplo, el nacimiento virginal fue uno de los puntos en los que el cristianismo histórico, como se enseña en las Escrituras y se entiende por el consenso de los cristianos a lo largo de la historia de la

Iglesia, fue atacado por una visión religiosa contraria (el modernismo con sus presuposiciones antisupernaturales). Habrá situaciones como esta en cada generación. La verdad es inmutable, pero la cultura cambia constantemente; así que siempre habrá puntos de fricción entre la verdad y la cultura. Una razón por la que vale la pena luchar por las doctrinas primarias es que su defensa está a menudo ligada a la defensa del evangelio tal como se ha entendido a través de las edades. Por lo tanto, las doctrinas primarias son a menudo las que han sido afirmadas por cristianos de diversas denominaciones y tradiciones a lo largo de la historia; por lo regular se expresan explícita o implícitamente en los credos y concilios ecuménicos; y con frecuencia encajan dentro de los parámetros de lo que C. S. Lewis llamó «mero cristianismo».

Por último, alineados con la forma en que Machen (y Bruce) explicaron la relación entre el nacimiento virginal y el evangelio, podemos decir que las doctrinas primarias suelen tener una relación tan estrecha e íntima con el evangelio que, si se niegan, el propio evangelio se rompe. Esta relación puede ser complicada, ya que no todas las doctrinas primarias son igualmente importantes para el evangelio, o del mismo nivel de importancia en el evangelio. Por ejemplo, mi defensa sobre la justificación que veremos a continuación tocará este punto más de lo que lo ha hecho el nacimiento virginal. Pero la negación de una doctrina primaria *nunca* es una cuestión de neutralidad para el evangelio. De una forma u otra, las doctrinas primarias siempre son importantes para un testimonio vigoroso y saludable del evangelio.

Justificación solo por fe

Los reformadores protestantes consideraban que la justificación por la fe era esencial para el evangelio. De hecho, es difícil exagerar con cuánto esmero enfatizaron este punto. Como resume Philip Ryken:

Juan Calvino la llamó [a la justificación] «la principal bisagra sobre la que gira la salvación». El reformador inglés Thomas Cranmer la describió como «la roca fuerte y el fundamento de la religión cristiana». Martín Lutero, tal vez el más famoso de todos, llamó a la justificación «el artículo principal de la doctrina cristiana», de modo que «cuando la justificación ha fallado, todo ha fallado».[22]

Todo esto parece indicar que la justificación es la doctrina primaria por excelencia. Pero desde un inicio nos enfrentamos a la controversia de que hubo cristianos piadosos que no han estado de acuerdo con la justificación. Una clara distinción entre lo que los protestantes típicamente llaman justificación (la declaración inicial de nuestra condición de justos) y santificación (nuestro continuo crecimiento en la rectitud a lo largo de la vida cristiana) estuvo ausente durante gran parte de la Iglesia primitiva y medieval. San Agustín, por ejemplo, pensaba que la justificación implicaba ambas realidades y no hubiera separado que seamos *declarados* justos de que *seamos* justificados, como lo hicieron los reformadores.[23] O, incluso en la tradición protestante, se pueden encontrar cristianos, como Richard Baxter, que niegan el concepto de doble imputación (y afirman, en cambio, que a los creyentes se les imputa el perdón de los pecados, pero no la justicia de Cristo) y conciben la justificación

---

22. Philip Graham Ryken, «Justification» en *The Gospel as Center: Renewing Our Faith and Reforming Our Ministry Practices* [El evangelio como el centro: Renovar nuestra fe y reformar nuestros ministerios], ed. D. A. Carson y Timothy Keller (Wheaton, IL: Crossway, 2012), 153–54.

23. Alister E. McGrath, *Iustitia Dei: A History of the Christian Doctrine of Justification* [*Iustitia Dei*: Historia de la doctrina cristiana de la justificación], 3ª ed. (Cambridge: Cambridge University Press, 2005), 31.

como un proceso.[24] Es fácil exagerar las diferencias entre los cristianos sobre el tema de la justificación, pero no se puede negar que existen.

Así pues, al tratar la doctrina de la justificación como una doctrina primaria, debemos recordar que esta doctrina tiene varios componentes, y cada componente no es necesariamente tan importante como el conjunto. Cuando ratifico la justificación solo por fe como una doctrina primaria, estoy tratando con una especie de «mera» justificación por fe solamente, no con la doctrina y todos sus matices. En otras palabras, me refiero al hecho básico de que nuestra correcta posición ante Dios es en términos de gracia y no es recibida por ningún mérito. Tal afirmación pueden hacerla aquellos que analizan de manera diferente la naturaleza exacta de la imputación de la justicia activa y pasiva de Cristo, o adoptan diferentes puntos de vista sobre la Nueva Perspectiva de Pablo, o se sienten de diferente manera sobre las diferencias entre protestantes y católicos después de, por ejemplo, la Declaración Conjunta de 1999 o la segunda publicación de Evangélicos y Católicos Juntos.[25] Todos estos son temas importantes, pero para nuestros propósitos, me estoy centrando en la afirmación más básica de que nuestra justificación ante Dios es por gracia sin merecerlo.

En este punto también debemos tener en cuenta, en paralelo con el punto anterior, que la afirmación de una doctrina no es necesariamente lo mismo que la articulación estudiada y consciente de esa doctrina. Por lo tanto, si alguien no

---

24. Thomas Schreiner, *Faith Alone: The Doctrine of Justification, The 5 Solas* [Solo por fe: La doctrina de la justificación, Las 5 *solas*], (Grand Rapids, MI: Zondervan, 2015), 76–77.

25. Estos documentos indican que la doctrina católica de la justificación se ha acercado más a la protestante, aunque se afirma la *sola fide* en principio, la imputación sigue siendo un punto de discusión, así como el contexto soteriológico general de la doctrina católica de la justificación, con su visión del purgatorio, la penitencia, etc.

afirma verbalmente la justificación solo por la fe no implica
que esa persona en el corazón y la conciencia no esté con-
fiando en Cristo para la justificación. Como observó John
Owen: «Los hombres pueden ser realmente salvos por esa
gracia que doctrinalmente niegan; y pueden ser justificados
por la imputación de esa justicia que, en su opinión, niegan
que sea imputada».[26]

Tom Schreiner ofrece un modelo de alguien que defiende un
relato de justificación tradicionalmente reformado y que, sin
embargo, es conciliador y generoso al considerar los puntos
conflictivos. Nos advierte que no debemos categorizar a alguien
precipitadamente sobre la base de la afirmación o el rechazo
de una palabra o un eslogan en particular; debemos escuchar
con atención para comprender lo que implica realmente un
punto de vista opuesto. Como advierte: «Los que rechazan la
consigna [sola fide] no están necesariamente proclamando un
evangelio diferente».[27]

Pero; ¿dónde se encuentra la justificación en el esquema
general de la teología cristiana? Por un lado, es posible hacer
demasiado énfasis en la justificación. Algunos teólogos luteranos, por ejemplo, han concebido la justificación como el tema
supremo de la teología, o el criterio para cada declaración
teológica.[28] Es difícil saber cómo reconciliar esos puntos de

---

26. John Owen, «The Doctrine of Justification by Faith through the Imputation
of the Righteousness of Christ; Explained, Confirmed, and Vindicated» [La doctrina
de la justificación por fe a través de la imputación de la justicia de Cristo; explicada,
confirmada y vindicada], en *The Works of John Owen* [Las obras de John Owen], ed.
William H. Goold, vol. 5 (Carlisle, PA: Banner of Truth, 1965), 164.

27. Schreiner, *Faith Alone*, 18.

28. Michael Allen, *Justification and the Gospel: Understanding the Contexts and
Controversies* [Justificación y el evangelio: Entender los contextos y las controversias]
(Grand Rapids, MI: Baker Academic, 2013), 8-9, resume y analiza varias afirmaciones
hechas relacionadas a este tema por Oswald Bayer y Mark Mattes, así como la respuesta de Webster.

vista con la presentación bíblica de la justificación, que sitúa a la justificación en el contexto de otras doctrinas sin las cuales la justificación pierde su significado.[29] Sin embargo, en sentido contrario, sería un error pensar que la justificación es simplemente una bendición más del evangelio, igual al resto de las doctrinas. Michael Allen muestra un sano equilibrio al asignarle a la justificación un lugar privilegiado entre los aspectos del evangelio sin convertirla por ello en el centro de toda la teología cristiana. Como él expresó: «La justificación no es simplemente un componente discreto del todo, sino [...] es un aspecto constitutivo del todo».[30] Podríamos decir que la justificación no es, en sí misma, todo el evangelio; pero *toca* todo el evangelio.

¿Por qué la justificación debe tener un lugar tan especial dentro de la teología cristiana? Podríamos responder a esta pregunta de muchas maneras, pero aquí consideraré cuán a menudo en el Nuevo Testamento los apóstoles están dispuestos a luchar por la justificación dada solamente por la fe. Hay muchos temas por los que los apóstoles *no luchan* y solo piden nuestra paciencia y sobriedad (ver, por ejemplo, Rom. 14; 1 Cor. 8). Los temas que generan polémica, por el contrario, son relativamente excepcionales. Craig Blomberg enumera cuatro tipos de errores a los que el Nuevo Testamento se opone con mayor fuerza: 1) negación absoluta sobre la humanidad y la deidad de Cristo; 2) negación absoluta de la salvación por la gracia a través de la fe (ya sea a través de alguna forma de legalismo, nomismo, etnocentrismo o antinomianismo); 3) la

---

29. Richard B. Gaffin Jr., *Resurrection and Redemption: A Study in Paul's Soteriology* [Resurrección y redención: Un estudio sobre la soteriología de Pablo] (Phillipsburg, NJ: Presbyterian and Reformed, 1987), proporciona un poderoso argumento de que la unión con Cristo es el eje central de la concepción de la salvación de Pablo.

30. Allen, *Justification and the Gospel*, 12.

negación sobre el futuro retorno corporal de Cristo; y 4) diversas distorsiones de la doctrina de la santificación, como el derrotismo o el triunfalismo.[31] Es sorprendente cuánta energía emplea el Nuevo Testamento en la defensa de estas cuatro cuestiones y busca evitar errores teológicos que equivalen a la negación de la gracia.

Por ejemplo, no hay libro más polémico en el Nuevo Testamento que Gálatas. En todas las demás cartas, Pablo comienza agradeciendo a Dios por la fe de aquellos a los que se dirige, incluso cuando hay errores graves en la iglesia, como el que los creyentes corintios se embriaguen en la Cena del Señor (1 Cor. 11:21). Pero para los cristianos en Galacia, Pablo comienza con una reprimenda: «Me asombra que tan pronto estén dejando ustedes a quien los llamó por la gracia de Cristo, para pasarse a otro evangelio» (Gál. 1:6). Pablo entonces pronuncia una maldición hacia todos, incluyendo los ángeles, que predican un evangelio diferente al que han recibido:

Pero, aun si alguno de nosotros o un ángel del cielo les predicara un evangelio distinto del que les hemos predicado, ¡que caiga bajo maldición! Como ya lo hemos dicho, ahora lo repito: si alguien les anda predicando un evangelio distinto del que recibieron, ¡que caiga bajo maldición! (Gál. 1:8-9).

¿Por qué es tan fuerte el tono de Pablo con los gálatas? ¿Cuál es este «evangelio distinto» que se les presenta? Después de relatar su llamado apostólico al evangelio, Pablo identifica la raíz del problema, a partir de su confrontación con Pedro: «...al reconocer que nadie es justificado por las obras que

---

31. Craig Blomberg, «The New Testament Definition of Heresy (or When Do Jesus and the Apostles Really Get Mad?)» [«La definición neotestamentaria de la herejía (o cuándo Jesús y los apóstoles realmente se enojan)»], *Journal of the Evangelical Theological Society 45*, n° 1 (marzo 2002): 71.

demanda la ley, sino por la fe en Jesucristo, también nosotros hemos puesto nuestra fe en Cristo Jesús, para ser justificados por la fe en él y no por las obras de la ley; porque por estas nadie será justificado» (Gál. 2:16). Aquí Pablo estipula, de manera sorprendente, que la aceptación de la justificación mediante las obras implica un rechazo del evangelio. Así pues, para Pablo, mantener la justificación solamente por fe es necesario para ser fiel a Cristo y defender Su evangelio. Desafiar este punto es alejarse de Cristo mismo. Pablo, de hecho, les advierte a los gálatas que han «roto con Cristo» (Gál. 5:4).

El libro de Gálatas nos recuerda que hay batallas que vale la pena librar y que la justificación por la fe es una de ellas. De nuevo, hay matices pertinentes a la doctrina de la justificación con los cuales los cristianos genuinos pueden estar en desacuerdo. Pero la afirmación fundamental de que estamos bien con Dios solo por la fe en Cristo, aparte de nuestras buenas obras, es parte integral del evangelio y de todos los aspectos prácticos de la vida cristiana. Por ejemplo, tiene que ver directamente con la forma en que nos relacionamos con Dios a diario, cómo lo adoramos, cómo luchamos contra el pecado en nuestras vidas y cómo funcionamos como Iglesia. John Berridge vinculó la justificación con la doctrina de la regeneración como algo vital para la salud de la Iglesia:

> Cuando las doctrinas de la regeneración y la justificación por la fe se convierten en doctrinas despreciadas o abandonadas, las labores del clero resultarán inútiles, su personal se abaratará, su cargo parecerá despreciable, y al final podrán avergonzarse de su *función* y su *posición*.[32]

---

32. John Berridge, *The Christian World Unmasked* [El mundo cristiano al descubierto], (Boston: Gould and Lincoln, 1854), 180.

J. I. Packer hizo una observación similar con respecto a la historia de la Iglesia:

> Cuando esta doctrina [la justificación por la fe] es entendida, creída y predicada, como lo fue en los tiempos del Nuevo Testamento, la Iglesia se mantiene en la gracia de Dios y está viva; pero donde es descuidada, superpuesta o negada, como lo fue en el catolicismo medieval, la Iglesia cae en desgracia y su vida se agota, dejándola en un estado de oscuridad y muerte.[33]

El comentario de Packer, sin embargo, plantea una pregunta. ¿Es la justificación solo por la fe una doctrina católica si se perdió en la Iglesia durante tantas generaciones antes de la Reforma? Esta es una preocupación válida en la medida en que el testimonio de la historia de la Iglesia es una consideración importante, aunque no definitiva, en el triaje teológico (recordemos el criterio 6 de Thoennes y el 4 de Grudem).

No obstante, es fácil exagerar las diferentes interpretaciones de la justificación a través de la historia de la Iglesia. Es cierto que se han producido graves abusos de la doctrina, como en la iglesia medieval tardía, cuando la venta de indulgencias y otros abusos relativos a la justificación se hicieron desenfrenadamente. Thomas Oden, sin embargo, ha reunido pruebas de un amplio consenso a lo largo del cristianismo clásico, de que la salvación viene por gracia a través de la fe.[34] Mucho antes de Oden, otros hicieron una afirmación similar, incluyendo

---

33. J. I. Packer, introducción a James Buchanan, *The Doctrine of Justification: An Outline of Its History in the Church and of Its Exposition from Scripture* [La doctrina de la justificación: Una reseña de su historia en la Iglesia y de su exposición en las Escrituras], (1867; repr., London: Banner of Truth, 1961), 1.

34. Thomas C. Oden, *The Justification Reader* [La justificación], (Grand Rapids, MI: Eerdmans, 2002); Oden, *Classic Christianity: A Systematic Theology* [Cristianismo clásico: Teología sistemática], (Nueva York: HarperOne, 1992), 583–622.

algunos de los más firmes defensores de la doctrina reformada de la justificación. James Buchanan, por ejemplo, aunque
reconocía las corrupciones e imperfecciones en la comprensión
de la justificación por parte de la Iglesia, insistía en que los
verdaderos creyentes «se alimentaban y animaban con [esta
doctrina], incluso en los tiempos más oscuros y degenerados».[35]
Al concluir su estudio histórico, afirmó que «la doctrina protestante de la justificación por gracia a través de la fe no fue una
novedad introducida en la Iglesia por Lutero y Calvino [...].
No es verdad el alegato de que había sido desconocida durante 1400 años antes de la Reforma».[36] Aunque debemos tener
cuidado de no minimizar las diferencias en la justificación a lo
largo de la historia de la Iglesia, el significado central de esta
doctrina ha sido sorprendentemente resistente.

Las batallas que vale la pena librar

Nuestra teología debe tener una categoría para el tono cen-
surador de la carta de Pablo a los Gálatas y el valor y la
resolución de la polémica de Machen. No debemos reducir el
testimonio evangélico a una amabilidad genérica que se aco-
mode a todas las circunstancias. Hay momentos para luchar.
Hay ciertas batallas que deben librarse, aunque el costo sea
perder nuestras vidas.

Muchos de nosotros no preferimos, por temperamento, la
polémica teológica. Preferimos predicar el evangelio antes que
refutar el error. Es lo recomendable como cuestión de preferen-
cia. Considera la forma en que Judas lo expresa: «He deseado
intensamente escribirles acerca de la salvación que tenemos en
común, y ahora siento la *necesidad* de hacerlo para rogarles

---

35. Buchanan, *Doctrine of Justification*, 93.
36. Buchanan, *Doctrine of Justification*, 111.

que sigan luchando vigorosamente por la fe encomendada una vez por todas a los santos» (Jud. 3, énfasis añadido). Celebrar el evangelio debe ser una cuestión de *anhelo*; luchar por él, una cuestión de *necesidad*. Lamentablemente, para algunos cristianos es lo contrario. Pero la celebración de la fe también requerirá, eventualmente, luchar por ella. Nadie puede evitar enfrentarse al error para siempre. Para Pablo, fueron los judaizantes del primer siglo; para Machen, los modernistas del siglo xx; habrá alguna lucha para nosotros. El evangelio es simplemente demasiado controvertido, demasiado perturbador, para *no* ser atacado. Como señaló Machen: «En el entorno religioso, como en otros puntos, las cosas sobre las que los hombres están de acuerdo son las que menos vale la pena argumentar; las cosas realmente importantes son las cosas sobre las que los hombres lucharán».[37] Por lo tanto, no puede haber un ministerio efectivo y a largo plazo del evangelio sin la correspondiente voluntad de comprometerse en su defensa.

¿Hay batallas que estamos dispuestos a librar? ¿Estamos dispuestos a tomar una posición, pase lo que pase, sobre esas doctrinas que separan el evangelio del espíritu de este siglo? Si no, no somos fieles servidores de Cristo, y no seremos eficaces en el progreso de Su reino.

---

37. J. Gresham Machen, *Christianity and Liberalism* [Cristianismo y liberalismo], (Nueva York: Macmillan, 1923), 1–2.

5

Naveguemos en la complejidad de las doctrinas secundarias

En el capítulo 4 sostuve que una mentalidad de *valentía* y *convicción* es la adecuada para las doctrinas primarias. En el capítulo 6, resaltaré que la mentalidad apropiada para las doctrinas terciarias es la *circunspección* y la *moderación*. En este capítulo, propongo que nuestra mentalidad hacia las doctrinas secundarias sea la *sabiduría* y el *equilibrio*. Por «doctrinas secundarias» me refiero al cuerpo medio de las doctrinas cristianas que marcan una diferencia notable en la forma en que entendemos y articulamos el evangelio, aunque su negación no constituye generalmente una negación del evangelio. Las doctrinas secundarias no son esenciales para el evangelio, pero a menudo son lo suficientemente importantes como para justificar las divisiones a nivel de denominación, iglesia o ministerio. Estos son temas fuera del Credo de los Apóstoles, pero más importantes que, digamos, tu interpretación de un complicado pasaje de Daniel.

En este capítulo deseo enfatizar dos razones amplias y un tanto sobrepuestas de la importancia de las doctrinas secundarias. En primer lugar, aunque las doctrinas secundarias no son esenciales para el evangelio, ejercen una influencia significativa sobre nuestro testimonio o nuestra comprensión del evangelio. En segundo lugar, las doctrinas secundarias dan lugar a diferencias prácticas en cómo desarrollamos la iglesia o el ministerio, de modo que intentar la unidad formal en medio de nuestras diferentes convicciones a menudo dará lugar a divisiones, confusión y violaciones de la conciencia. Por estas razones, es comprensible y apropiado, aunque en última instancia es lamentable, que los cristianos se dividan sobre estas cuestiones en determinados contextos.

Me referiré a tres doctrinas secundarias que tienden a ser controvertidas entre los evangélicos: (1) el bautismo (particularmente el credobautismo contra el paidobautismo), (2) los dones espirituales (particularmente el cesacionismo contra el continuismo), y (3) las mujeres en el ministerio (particularmente el complementarismo contra el igualitarismo). Mi forma de tratar estos temas será breve, y no haré ningún esfuerzo para resolver las controversias. Más bien, mi objetivo es mostrar por qué estas disputas doctrinales están en el rango de doctrinas secundarias, y fomentar el aprendizaje, la cooperación, la claridad y la conciencia en la forma en que participamos en doctrinas como estas.

Este capítulo es el más difícil y complicado de todo el libro. Soy muy consciente de que estoy haciendo juicios falibles en lo que a continuación viene. También soy consciente de que, en cierta medida, estoy limitando mis comentarios a contextos con los que estoy familiarizado. Pero ofrezco estas evaluaciones con la esperanza de que sirvan a otros que están encontrando su camino a través de doctrinas secundarias, incluso si sus circunstancias o convicciones difieren de lo que yo describo aquí. Si este capítulo no hace más que suscitar una reflexión sobre la complejidad de hacer un triaje teológico sobre las doctrinas secundarias y nos anima a la oración, la humildad y el estudio, habrá servido de algo.

Por qué las doctrinas secundarias pueden ser difíciles de clasificar

Algunas doctrinas son fáciles de clasificar; no tengo dudas al calificar la doctrina de la Trinidad, por ejemplo, como una doctrina primaria. Es fundamental para el evangelio; su contenido esencial está claro y abundantemente expuesto en la Biblia; fue sistemáticamente definida por los primeros credos y concilios ecuménicos; y es prácticamente relevante en todos los aspectos de la vida cristiana.

Pero, por supuesto, no todas las doctrinas encajan claramente en una de las tres o cuatro categorías. Hay un *espectro* de importancia doctrinal. Algunas doctrinas, podríamos decir, están en la frontera entre una categoría y otra. Por ejemplo, algunas doctrinas secundarias pueden ser *casi* esenciales; otras pueden ser *casi* terciarias. Así que, si suponemos que todas las doctrinas secundarias son *igualmente* secundarias, podemos correr el peligro de pasar por alto diferencias importantes.

Se trata de un peligro inherente a todo sistema de categorización. No es una razón para evitar el uso de la categorización; solo significa que debemos reconocer que puede ser algo torpe e inexacta y, por lo tanto, no transmite todo lo que debe decirse sobre una doctrina. La simplificación excesiva es un riesgo particular de las doctrinas secundarias. Se distinguen por no ser esenciales para el evangelio, pero son lo suficientemente importantes como para separar a los cristianos unos de otros. Por lo tanto, por definición, esta categoría abarca una amplia gama de cuestiones, mientras que las doctrinas primarias y terciarias son posiblemente categorías más reducidas.

Estoy especialmente ansioso por ayudar a la gente a evitar pensar así: «X es una cuestión secundaria; Y es una cuestión secundaria; por lo tanto, [X] e [Y] son igualmente importantes». Si me dices que una doctrina es secundaria, me has dicho cierta parte sobre su importancia, pero no todo. En general, me has dicho relativamente poco.

Existen otras razones por las que las doctrinas secundarias son difíciles de categorizar y por lo que debemos examinar cada una de ellas con sensibilidad en su contexto y su relación con el todo del evangelio. En primer lugar, las doctrinas no existen en un vacío teológico. Cada doctrina encuentra su significado supremo en relación con todo el evangelio. Así que, algunas doctrinas pueden parecer relativamente menores en sí mismas, pero totalmente esenciales en la forma en que interactúan con otras doctrinas, como una tabla en un puente que parece relativamente sin importancia pero que de hecho evita que se derrumbe. Por ejemplo, muchos cristianos modernos rechazan la idea de que Dios es simple porque la encuentran extraña, sin tener en cuenta lo fundamental que ha sido esta doctrina a lo largo de la historia de la Iglesia para fundamentar una concepción adecuada de la trascendencia de Dios en el mundo.

En segundo lugar, la importancia de cualquier doctrina en particular a veces depende, hasta cierto punto, del contexto y el uso. Como he mencionado anteriormente, ser miembro de una iglesia y ser anciano en una iglesia debe tener diferentes criterios doctrinales. O una doctrina particular puede ser especialmente urgente para el testimonio público de la Iglesia en un momento y lugar, y menos en otro. Eso no significa que la verdad de la doctrina en sí misma cambie; pero si se hace un triaje, se pueden considerar estas cuestiones de manera diferente, dependiendo del nivel de urgencia práctica en juego.

Por último, cuando hacemos el triaje teológico, no solo nos ocupamos de las doctrinas, sino también de las actitudes doctrinales. Cada cristiano, iglesia, ministerio e institución teológica no solo tiene posiciones teológicas, sino también una cultura o *ethos* teológico, un conjunto de tendencias tácitas y políticas no oficiales. A menudo lo que causa división no es una violación de ninguna declaración oficial de fe sino un conflicto a nivel del *ethos* y la cultura.

El triaje teológico es, por lo tanto, mucho más que la corrección técnica en la adjudicación de esta o aquella doctrina. Implica toda nuestra postura hacia la teología. Como me dijo uno de los pastores que entrevisté, luego de observar la falta de amor que los cristianos suelen exhibir en medio de las diferencias doctrinales: «No se trata solo de aquello por lo que se lucha, sino de cómo se lucha».[1] Debemos tener especialmente en cuenta este punto cuando se trata de doctrinas secundarias.

Bautismo

Una de las áreas más divisivas de la teología a lo largo de la historia de la Iglesia ha sido la de los sacramentos. ¿Cuántos hay? ¿Dos? ¿Siete? ¿Cómo deberíamos llamarlos («ordenanzas» o «sacramentos»)? Si acaso lo hacen, ¿cómo transmiten la gracia de Dios a nosotros? ¿Son eficaces aparte de la fe? ¿A quién deben ser administrados y por quién, y con qué frecuencia?

A lo largo de la historia de la Iglesia se han producido desacuerdos sobre estas cuestiones. Por ejemplo, la forma presencial de Cristo en la Cena del Señor, que impidió la unión

---

1. Hans Kristensen, quien ministra en Sydney, Australia, me planteó esta útil observación en marzo de 2019, a través de una conversación por Skype.

de las bases luterana y reformada de la Reforma en Marburgo en 1529, fue en su forma más amplia un importante debate en la Iglesia del siglo ix entre Radberto y Ratramno, y continuó creando controversia durante el período medieval (por ejemplo, en el siglo xi, Berengar de Tours fue sancionado por cuestionar la doctrina oficial sobre este mismo punto). Desde el famoso desacuerdo entre Lutero y Zwinglio, esta cuestión ha continuado dividiendo a los protestantes, al igual que otras cuestiones relacionadas con la Cena del Señor (por ejemplo, quién debería participar en la Cena del Señor fue la pregunta que provocó el despido de Jonathan Edwards de su iglesia).

Una de las razones más dolorosas de división en el cuerpo de Cristo, desde la reforma protestante hasta el día de hoy, hace referencia a los temas propios del sacramento (u ordenanza) del bautismo. ¿Deben ser bautizados solo aquellos que hacen una profesión de fe creíble, o los hijos de uno o más padres creyentes también son sujetos apropiados para el bautismo cristiano?

Históricamente, los cristianos no solo se han dividido unos de otros debido a este tema, sino que se han matado unos a otros. La Dieta de Espira en 1529, donde se usó por primera vez la palabra «protestante», decretó que «se debe dar muerte, por fuego o por espada, o por algún otro medio, a cada anabaptista o rebautizado, de cualquier sexo».[2] Muchos anabaptistas también fueron ahogados, en un amargo giro de ironía. Los perpetradores no solo fueron las autoridades católicas romanas, sino también voces de la Reforma como Ulrich Zwinglio. El primer mártir anabautista fue Félix Manz, quien

---

2. Citado en Erwin Lutzer, *The Doctrines That Divide: A Fresh Look at the Historical Doctrines That Separate Christians* [Las doctrinas que dividen: Revisión de las doctrinas históricas que separan a los cristianos], (Grand Rapids, MI: Kregel, 1989), 125.

en 1526 fue atado y sumergido en las heladas aguas del río Limmat en Zurich, a unos pocos cientos de metros de la iglesia de Zwinglio, quien dijo: «Que se sumerja el que habla de sumergirse [en el agua]».[3] En total, probablemente hubo más mártires anabaptistas en el siglo XVI que mártires cristianos en los tres primeros siglos de la Iglesia, antes de la conversión de Constantino.[4] Que quede claro: más cristianos fueron asesinados *por otros cristianos debido al bautismo* durante la Reforma que por el Imperio romano debido a su fe en Cristo.

Parte de la razón por la que el bautismo ha generado tan cruel lucha es que está ligado a cuestiones más amplias relativas a la naturaleza de la Iglesia y la naturaleza y la estructura de la propia sociedad, después de la conversión de Constantino y antes del surgimiento de la modernidad.

Los anabaptistas eran vistos como una amenaza a la estructura social que mantenía unida a la cristiandad.

Hoy en día, abordamos el tema del bautismo de manera diferente, al vivir en un contexto tardío-moderno en el que (para la mayoría de nosotros) la Iglesia y el Estado están separados. Esto es especialmente cierto cuando se trata del paidobautismo del pacto, la especie de paidobautismo entre los cristianos reformados y presbiterianos, en lugar de las variedades de paidobautismo que incluyen una noción de regeneración bautismal. La regeneración bautismal asigna una eficacia salvadora a la administración del bautismo, y lo considera típicamente como

---

3. Citado en John H. Armstrong, «Introduction: Division, Differences, and a Dream» [«Introducción: División, diferencias y un sueño»], en *Understanding Four Views on Baptism* [Comprender cuatro perspectivas del bautismo], ed. John H. Armstrong, Counterpoints, (Grand Rapids, MI: Zondervan, 2007), 19.

4. Justo L. González, *The Story of Christianity* [La historia del cristianismo], vol. 2, *The Reformation to the Present Day* [La Reforma hasta el presente], (Nueva York: HarperCollins, 1985), 56.

un medio instrumental de regeneración. Esta ha sido la forma dominante de paidobautismo a lo largo de la historia de la Iglesia, y es llevada a cabo hoy en día por el catolicismo, la ortodoxia y (en una u otra variedad) por muchas de las principales denominaciones protestantes, como el anglicanismo y el luteranismo.

Los que rechazan la idea de la regeneración bautismal insisten en que el objetivo del bautismo es señalarnos *hacia* Jesucristo en sus beneficios salvadores del evangelio, a los que se accede por la fe y el arrepentimiento. Dentro de los contextos en los que el bautismo se entiende como la entrada tanto a la sociedad como a la Iglesia, y en los que al bautismo se le asigna algún tipo de eficacia salvadora, el bautismo puede tener a menudo el efecto opuesto, señalándonos la necesidad de la fe personal y poniendo nuestra confianza en el poder del propio ritual. Este es un peligro constante con los sacramentos: que el rito externo reemplaza, en lugar de reflejar, la realidad interna de la cual es un símbolo.

Esta preocupación, por supuesto, puede ser sostenida por igual tanto por los credobautistas como por los paidobautistas. De hecho, entre los más feroces críticos del bautismo indiscriminado y el abuso sacramental,[5] están los paidobautistas. Søren Kierkegaard, que afirmó que el bautismo de niños era «la anticipación de una posibilidad», se quejó sin embargo de su abuso en la iglesia estatal luterana danesa por dar la impresión de que todos los miembros de la sociedad eran cristianos simplemente por el hecho de ser bautizados. Señaló:

---

5. Sacramentalismo es la creencia en la necesidad y eficacia de los sacramentos para la salvación.

El cristianismo de la «cristiandad» considera que todo depende de establecer que uno se convierte en cristiano desde niño y, que si alguien será un cristiano verdadero, debe serlo desde la infancia. *Esta es la falacia básica. Si esto fuera así, entonces olvidémonos del cristianismo del Nuevo Testamento.*[6]

Además, algunos grupos credobaptistas adoptan varias formas de sacramentalismo.[7] Así, las preguntas sobre los *temas* apropiados del bautismo se complican con preguntas más amplias sobre el significado y el uso del bautismo. A la luz de esto, no se puede hacer una evaluación única del triaje teológico sobre el credobautismo o el paidobautismo. Necesitamos sabiduría para evaluar la práctica del bautismo en cualquier grupo o denominación particular, teniendo en cuenta el efecto general de la práctica en la Iglesia y el evangelio.

¿Cómo debemos pensar sobre el bautismo en el triaje teológico? En primer lugar, debemos tener cuidado de no reaccionar contra él. Girar en la dirección opuesta y declarar que el bautismo no tiene ninguna importancia es una parte trágica de nuestra historia. Hay varias razones por las que debemos defender seriamente la importancia del bautismo.

Primero, el bautismo es una cuestión de obediencia a Cristo. Fue instituido por Jesús (Mat. 28:19-20), y el propio Jesús fue

---

6. *The Instant*, n° 7, «The Formula of "Christendom"» [«La fórmula del "cristianismo"»], *Attack upon Christendom* [Ataque al cristianismo], 212, citado en Paul K. Jewett, *Infant Baptism and the Covenant of Grace: An Appraisal of the Argument That as Infants Were Once Circumcised So They Should Now Be Baptized* [Bautismo de infantes y el pacto de la gracia], (Grand Rapids, MI: Eerdmans, 1978), 243.

7. Por ejemplo, las Iglesias de Cristo, que practican el credobautismo, creen que el bautismo es una parte integral y necesaria del proceso de conversión. Para una explicación más amplia, ver John D. Castelein, «Christian Churches/Churches of Christ View» [«Perspectiva de las Iglesias de Cristo»] en Armstrong, *Understanding Four Views on Baptism* [Entendiendo cuatro perspectivas acerca del bautismo], 129–44.

bautizado, estipulando la necesidad de «cumplir con lo que es justo» (Mat. 3:15). En la actualidad, la gente piensa que el bautismo es fundamentalmente una cuestión de «expresar mi fe» y eleva el aspecto emocional de ser bautizado.[8] Mientras que el bautismo es ciertamente una expresión de fe, y la experiencia de ser bautizado es una profunda bendición, también es mucho más que eso. En última instancia, el bautismo es una cuestión de discipulado, una especie de «cruce del Rubicón», el momento en el que una persona se identifica públicamente como un seguidor de Cristo. Por ejemplo, en muchas partes del mundo, el bautismo marca el punto en el que los cristianos se convierten en blanco de persecución. Un pastor de Singapur al que entrevisté como parte de mi investigación para este libro me contó que, en su contexto, los padres a menudo permiten que sus hijos vayan a su iglesia sin preocuparse demasiado, pero cuando los niños quieren ser bautizados, hay una reacción mucho más fuerte.[9] De manera similar, a los cristianos en China a menudo se les permite leer sus Biblias e incluso adorar a Jesús, pero desear el bautismo resultará en persecución.[10]

En segundo lugar, el bautismo juega un papel importante en nuestra vida corporativa como pueblo de Dios. El bautismo es la señal oficial visible de la entrada a la Iglesia y, por lo tanto, corresponde en última instancia a los límites de la membresía

---

8. En este punto, los paidobautistas se comportan mejor que los credobautistas. Los credobautistas con frecuencia designan al bautismo como una señal de fe, en lugar de una señal de Cristo. Sinclair Ferguson, «Infant Baptist View» [«Bautismo infantil»] en *Baptism: Three Views* [Bautismo: Tres perspectivas], ed. David F. Wright (Downers Grove, IL: IVP Academic, 2009), 96, lo expresa bien: «El bautismo es primero, y sobre todo, un emblema Cristocéntrico y no un emblema de la fe».

9. Simon Murphy, pastor principal de Redemption Hill Church en Singapur, me transmitió esta observación el 31 de marzo de 2019.

10. Daniel G. Reid, introducción a Wright, *Baptism: Three Views*, 13, menciona esta observación que le transmitió un teólogo asiático.

de la iglesia. Por lo tanto, nuestra doctrina del bautismo está profundamente relacionada con nuestra doctrina de la Iglesia. Con demasiada frecuencia en nuestra sociedad individualista pensamos en el bautismo como una experiencia privada y pasamos por alto la función corporativa que desempeña entre el pueblo de Dios.

En tercer lugar, el bautismo se da a la Iglesia no solo como una marca limitante, sino también como una señal y sello del propio evangelio. El agua representa el lavamiento de los pecados (Hech. 22:16), y la inmersión en el agua simboliza la unión con Cristo en Su muerte, sepultura y resurrección (Rom. 6:3-4). Por lo tanto, en lugar de considerar el bautismo simplemente como una declaración pública de fe de un individuo (lo que seguramente es), el bautismo también debe verse como una forma en que la Iglesia da testimonio del evangelio. Esto significa que el bautismo tiene la intención de ser una bendición no solo para la persona que se bautiza, sino también para toda la iglesia que observa el bautismo. Cuando presenciamos un bautismo, recibimos una imagen visible de lo que Cristo ha logrado para nosotros en Su vida, muerte y resurrección a favor nuestro. El bautismo es, en palabras de Timothy George, «un acto litúrgico central del culto cristiano».[11]

Aunque no debemos restarle importancia al bautismo, también sería un error elevarlo a un tema primario junto con el evangelio. El bautismo no establece los límites de la ortodoxia, al punto de que los que lo entienden bien son ortodoxos y aquellos que no, son herejes. La diferencia entre un bautista y un presbiteriano no es la misma que la diferencia entre un

---

11. Timothy George, prefacio a *Believer's Baptism: Sign of the New Covenant in Christ* [Bautismo de los creyentes: Señal del nuevo pacto en Cristo], ed. Thomas R. Schreiner y Shawn D. Wright (Nashville: B&H, 2006), xvii.

cristiano y un hereje. El bautismo no tiene ese nivel de importancia porque no es una doctrina en la que se gane o se pierda el evangelio. Los cristianos de ambos lados del debate del bautismo pueden tener vidas y ministerios fructíferos para el evangelio. Sorprendentemente, el apóstol Pablo incluso sometió su llamado a bautizar por debajo de su llamado a predicar el evangelio: «Cristo no me envió a bautizar, sino a predicar el evangelio» (1 Cor. 1:17). Por lo tanto, debemos evitar que el bautismo sea una cuestión de identidad para determinar quién es «salvo», o considerar a aquellos con los que no estamos de acuerdo como ignorantes o rebeldes, o restringir nuestra comunión cristiana y la asociación en el evangelio con aquellos que no comparten nuestro punto de vista.

Necesitamos tener sabiduría para mantener nuestras convicciones sobre el bautismo sin que se vean comprometidas, pero al mismo tiempo, mantener la unidad y la comunión tanto como podamos con los cristianos que tienen convicciones diferentes a las nuestras. ¿Cómo equilibramos estos dos puntos? No es una pregunta fácil, y no puedo abordarla como me gustaría aquí.[12] Pero podemos observar que la importancia del bautismo en la vida de la Iglesia hace comprensible cómo los cristianos con diferentes puntos de vista encuentran difícil unirse en la misma iglesia.

Por supuesto, algunas iglesias tratan de acomodar ambas prácticas bautismales, haciendo efectivamente del bautismo un tema terciario. Aunque admiro la intención ecuménica de estos esfuerzos, tengo dos preocupaciones respecto a ello.

---

12. Abordé este tema del bautismo y la membresía de la iglesia en Gavin Ortlund, «Can We Reject Paedobaptism and Still Receive Paedobaptists» [¿Podemos rechazar el paidobautismo y recibir a paidobautistas?], *Mere Orthodoxy*, 3 de enero de 2019, https://mereorthodoxy.com/baptism-church-membership. Jonathan Leeman ofrece una buena respuesta, disponible también en *Mere Orthodoxy*.

La primera es la *confusión.* Diferentes definiciones del bautismo hacen que haya diferentes conceptos de los límites de la membresía de una iglesia, con las correspondientes diferencias en los conceptos del discipulado de los niños dentro de la iglesia. Para los paidobautistas, los hijos de los creyentes son considerados miembros de la iglesia desde su nacimiento, y son tratados como «hijos del pacto». Los credobautistas entienden el estatus eclesiástico de sus hijos de manera diferente. En las iglesias donde se adoptan ambas prácticas bautismales, ¿cómo deben considerar a los niños dentro de la iglesia el resto de los miembros? ¿Cuál es la visión que tiene la iglesia para criar a los niños en el contexto de la iglesia? Es de suponer que la respuesta diferirá de un niño a otro en función de las convicciones y decisiones de la familia en cuestión. Esto parece enviar señales mixtas a los feligreses y a los niños, aunque en situaciones de piedad excepcional y de enseñanza clara, la confusión o la desunión pueden minimizarse.[13]

Mi segunda preocupación tiene que ver con la *conciencia.* Muchas denominaciones que adoptan la práctica dual del bautismo como política oficial a menudo requieren que sus pastores administren tanto el credobautismo como el paidobautismo, a fin de hacer cumplir esta política de manera consistente.[14] Con ello se corre el riesgo de violar la conciencia de los ministros de esa denominación que creen que existe una enseñanza bíblica

---

13. Por ejemplo, Immanuel Church en Nashville, la iglesia que mi padre inició, y una iglesia que no podría apreciar más, tiene una práctica dual (como lo hacen algunas otras iglesias prominentes en Estados Unidos, como College Church en Wheaton, Illinois, y Park Street Church en Boston).

14. Por ejemplo, la Evangelical Covenant Church, en su «Política sobre el bautismo», estipula que «debido a que la iglesia reconoce tanto el bautismo de los infantes como el de los creyentes como verdaderas formas de bautismo, es indispensable que sus pastores respeten y administren ambas formas de bautismo» (https://cov church. org/wp-content/uploads/sites/2/. . ./Policy-on-Baptism-churches.pdf, consultado el 4 de abril de 2019).

normativa en relación con los temas propios del bautismo. Del mismo modo, los esfuerzos por acomodar ambas prácticas bautismales dentro de una iglesia local requieren que el liderazgo actual (y futuro) esté en paz con dicha práctica, lo que inevitablemente excluye a algunos de poder servir en el liderazgo, aunque incluye a otros. Escenarios como este desalientan la visión de la doble práctica donde se apela a la inclusión.

Debo enfatizar que, sin importar cuáles sean nuestras convicciones sobre el bautismo a nivel eclesiástico, no debemos permitir que este tema sea divisivo a nivel *personal*. Debemos hacer un esfuerzo por mostrar caridad hacia los cristianos que tienen un punto de vista diferente al nuestro, y tratar de aprender de ellos. Son parte del cuerpo de Cristo y, por lo tanto, parte de ese pueblo con el que debemos tener unidad para hacer el evangelio creíble ante un mundo vigilante (Juan 17:21). Debemos buscar oportunidades para unir las armas y promover el evangelio, dondequiera que podamos.

Hay mucho más que decir sobre el bautismo, pero para efectos de hacer el triaje, permítanme estipular tres amplias tesis dentro de las cuales tendremos que seguir debatiendo y discutiendo. En primer lugar, el bautismo no es una cuestión primaria que establezca los límites de la ortodoxia o determine nuestro nuevo nacimiento en el evangelio. Más bien, los cristianos sinceros y piadosos pueden estar en desacuerdo sobre este tema. Segundo, el bautismo no es una doctrina sin importancia y sin consecuencias discernibles. Más bien, es un tema que tiene que ver con nuestra obediencia personal a Cristo, la naturaleza y la membresía de la Iglesia, y la proclamación del evangelio dentro de la Iglesia. En tercer lugar, necesitamos sabiduría y equilibrio para saber cómo practicar nuestras convicciones sobre el bautismo de una manera que honre tanto la unidad de la Iglesia como la importancia del asunto en cuestión.

Esa sabiduría irá más allá de una evaluación general del paidobautismo o el credobautismo *como tal* e implicará una consideración de las cuestiones relacionadas con la práctica real del bautismo en cualquier contexto particular. Entre ellas se incluye la capacidad de distinguir entre (1) el bautismo dentro de la cristiandad y el bautismo en un contexto contemporáneo en el que la Iglesia y el Estado están separados, (2) el paidobautismo del pacto y la regeneración bautismal, y (3) los bautismos *en masa* con fines políticos y los bautismos basados en principios con fines teológicos. Si estás luchando con la doctrina del bautismo, aquí hay varias preguntas que pueden ser útiles:

1. ¿Hay algo en mi corazón que provoque orgullo o me haga sentir superior a los cristianos que aún no han dado «el siguiente paso»? Si es así, ¿cómo puedo dirigir mi corazón de regreso al evangelio como la única fuente de mi identidad y «justicia»?

2. ¿Hay algo en mí que sea irrespetuoso o despectivo con respecto a la importancia de este tema? ¿Aprecio por qué los cristianos han estado dispuestos a morir por sus diferencias sobre este tema? ¿Me siento superior o exasperado con aquellos cristianos que le dan más importancia a este tema? ¿Cómo puedo entender mejor sus preocupaciones y así acercarme a ellos?

3. ¿He tomado en serio la urgencia de la oración de Cristo por la unidad de la Iglesia (Juan 17), y estoy buscando dar todos los pasos que pueda para llevar a cabo esta oración en mi propia vida?

4. ¿Cuál es el contexto adecuado para poder prosperar tanto en el mantenimiento de mis propias convicciones sobre el bautismo como en la búsqueda de una genuina comunión y asociación en el evangelio con aquellos que difieren?

Dones espirituales: Continuismo contra cesacionismo

El cesacionismo es de la opinión de que ciertos dones espirituales mencionados en el Nuevo Testamento —típicamente los dones más milagrosos o espectaculares como la profecía, la sanidad y las lenguas— han cesado o han sido eliminados en algún momento de la antigüedad (generalmente al cierre del canon o a la muerte del último apóstol). El continuismo, por el contrario, ratifica la continuación de todos los dones espirituales enumerados en el Nuevo Testamento a lo largo de toda la era de la Iglesia.

Este tema ha sido importante para mí desde mi último año de bachillerato y el primer año en la universidad, cuando, después de un período de gran lucha y búsqueda, me convertí en un continuista, tanto en la práctica como en la convicción. Desde entonces, he observado repetidamente lo divisivo y polarizador que puede ser este tema, y miro hacia atrás en algunas de mis propias conversaciones con pesar por no haber mantenido la unidad como me hubiera gustado.

Aquí examinaremos varios puntos de vista diferentes sobre los dones espirituales dentro de la tradición reformada en un esfuerzo por situar el tema como una doctrina ampliamente secundaria (y, en algunos casos, una doctrina terciaria).

El cesacionismo se concibe a menudo como la visión reformada, en contraste con la práctica pentecostal y carismática.[15] Aunque muchas iglesias y cristianos reformados son cesacionistas, nada en la teología reformada lo requiere de manera absoluta, e históricamente hay diversidad en esta cuestión dentro de la tradición reformada. El cesacionismo no está respaldado por

---

15. Sinclair Ferguson, «The Ferguson View», en *Christian Spirituality: Five Views on Sanctification* [Espiritualidad Cristiana: cinco puntos de vistas sobre la santificación], ed. Donald Alexander (Downers Grove, IL.: IVP Academic, 1988), 158-61, delinea una respuesta estándar reformada a la teología pentecotal, desde una perspectiva cesacionista.

ninguna de las principales confesiones reformadas, y los teólogos reformados tienden a clasificarse en tres grandes categorías. En primer lugar, hay cesacionistas estrictos, como Jonathan Edwards y B. B. Warfield, que niegan cualquier manifestación genuina de los dones milagrosos del Espíritu después de cierto punto de la historia. Estos teólogos difieren, sin embargo, en una serie de cuestiones, como *cuáles* dones han cesado (por ejemplo, ¿solo los dones de revelación como las lenguas y la profecía o también otros como la sanidad y el discernimiento de los espíritus?); *cuándo* cesaron ciertos dones (por ejemplo, ¿al cierre del canon o con la muerte del último apóstol?); y, lo más importante, *por qué* cesaron ciertos dones espirituales (por ejemplo, el argumento de Warfield se centra en el papel confirmatorio de estos dones en el ministerio de los apóstoles, mientras que el de Edwards enfatiza la superioridad del amor sobre estos milagros).[16]

En segundo lugar, algunos teólogos reformados son cesacionistas blandos, como Juan Calvino y John Owen, que sostienen que los dones milagrosos han cesado en el sentido de que ya no son normativos para la Iglesia, pero los permiten en diversos momentos y en determinados contextos. Por ejemplo, en su *Institución*, Calvino concibe que Dios revive los oficios de los apóstoles, profetas y evangelistas cuando lo requieren las necesidades de la época:

> Los que presiden el gobierno de la Iglesia de acuerdo con la institución de Cristo son llamados por Pablo de la siguiente

---

16. Ver B. B. Warfield, *Counterfeit Miracles* [Milagros falsos], (Nueva York: Charles Scribner's Sons, 1918), y Jonathan Edwards, «The Distinguishing Marks of a Work of the Spirit of God» [«Las marcas distintivas de la obra del Espíritu de Dios»], en *Jonathan Edwards on Revival* [Jonathan Edwards y el avivamiento], (Carlisle, PA: Banner of Truth, 1965), 137– 47.

manera: primero apóstoles, luego profetas, tercero evangelistas, cuarto pastores y finalmente maestros (Ef. 4:11). De
estos, solo los dos últimos tienen un oficio ordinario en
la Iglesia; el Señor levantó a los tres primeros al principio
de Su reino, y de vez en cuando los revive de acuerdo a la
necesidad de los tiempos.[17]

Es evidente que Calvino no concibe la continuidad del don
de la profecía como una amenaza al cierre del canon, como
lo hace Warfield. Calvino parece *observar* simplemente la ausencia de este don en lugar de extinguirlo por razones teológicas; más tarde declara que la profecía «no existe hoy en día
o se ve con menos frecuencia».[18] También piensa que Dios
levanta apóstoles y evangelistas en tiempos extraordinarios,
como durante la Reforma en sí misma: «Como ha sucedido
en nuestros días».[19]

De manera similar, John Owen, entre los más grandes teólogos puritanos, aunque advierte de la superstición y el sensa-
cionalismo de los milagros falsos, declara: «No es improbable
que Dios pueda, en algunas ocasiones, durante una temporada,
usar Su poder en algunas operaciones milagrosas, y así lo puede
hacer todavía, y tal vez lo haga a veces».[20] En el contexto, las
«operaciones» a las que se refiere aquí son dones espirituales
milagrosos. Al igual que los cesacionistas radicales, los cesacionistas blandos como Owen y Calvino difieren en cuáles dones
cesaron, cuándo lo hicieron y por qué lo hicieron.

---

17. John Calvin, *Institutes of the Christian Religion* [Institución de la religión cris-
tiana], ed. John T. McNeill, trad. Ford Lewis Battles, 2 vols. (Louisville: Westminster
John Knox, 2006), 4.3.4, énfasis del autor.

18. Calvin, *Institutes*, 4.3.4, énfasis del autor.

19. Calvin, *Institutes*, 4.3.4.

20. *The Works of John Owen* [Las obras de John Owen], ed. Thomas Russell, vol.
4 (London: Paternoster, 1826), 305.

Tercero, algunos teólogos reformados son continuistas, que afirman la validez de los dones espirituales milagrosos en algún sentido más permanente o normativo que los cesacionistas blandos. Ejemplos de este punto de vista incluirían a Martín Lutero, John Knox y Samuel Rutherford. Lutero se opuso a las afirmaciones de dones proféticos de algunos a los que consideraba fanáticos, y estipuló que hay menos necesidad de atestiguar milagrosamente el evangelio en las regiones en las que ya se ha difundido. Al mismo tiempo, ratificó la continuación de todos los dones. Cuando predicaba sobre las señales mencionadas por Jesús en Marcos 16, por ejemplo, afirmaba:

Hay que dejar que estas palabras permanezcan y no minimizar su significado, como han hecho algunos que han dicho que estas señales eran manifestaciones del Espíritu en el principio de la era cristiana y que ahora han cesado. Eso no es correcto, porque el mismo poder está todavía en la Iglesia. Y aunque no se ejerza, no importa; todavía tenemos el poder de hacer tales señales.[21]

Knox (líder de la Reforma en Escocia) y Rutherford (otro ministro escocés y artífice de la Confesión de Westminster) fueron más explícitos al afirmar instancias específicas del don de profecía. Rutherford, por ejemplo, identificó a varias personas (incluido el propio Knox) «que han predicho las cosas que vendrán incluso desde el cese del canon de la Palabra» y dio ejemplos de sus profecías, distinguiendo este don de la

---

21. Lutero, *LW: Sermons* [Obras de Lutero: Sermones], edición Lenker, 12.190; predicado el Día de la ascensión, 1523, citado en Douglas A. Oss, «A Pentecostal/ Charismatic Response to Robert L. Saucy» [«Una respuesta pentecostal/carismática a Robert L. Saucy»] en *Are Miraculous Gifts for Today? Four Views* [¿Son los milagros dones para la actualidad? Cuatro perspectivas], ed. Wayne A. Grudem, *Counterpoints* (Grand Rapids, MI: Zondervan, 1996), 167.

profecía predictiva de la revelación inscrita, que cesó con el cierre del canon.[22]

En la actualidad, estas diferencias continúan entre los cristianos reformados en cuanto a la pregunta del cesacionismo. Hay muchos carismáticos reformados, muchos cesacionistas reformados y muchos cristianos reformados que no están seguros de lo que piensan sobre los dones. Lo mismo ocurre en el mundo más extenso del evangelicalismo.

Este estudio de la tradición Reformada nos ayuda a situar el debate sobre el continuismo y el cesacionismo fuera del ámbito de las doctrinas primarias. Knox y Warfield difieren en la naturaleza del don espiritual de la profecía y, sin embargo, no solo tienen el evangelio en común, sino que están relativamente cerca uno del otro en un espectro teológico.

¿Pero en qué *lugar* del triaje teológico se sitúa este tema? Tal como vimos con el bautismo, se debe tener en cuenta un contexto teológico más amplio para responder a esta pregunta. En primer lugar, entre los continuistas hay posturas diferentes hacia la teología de una «segunda bendición» en la que el hablar en lenguas marca «la señal física inicial» del bautismo en el Espíritu, una experiencia que es «distinta y posterior a la experiencia del nuevo nacimiento».[23] Esta es la enseñanza del pentecostalismo clásico, pero muchos cristianos carismáticos,

---

22. Samuel Rutherford, *A Survey of the Spirituall Antichrist. Opening the Secrets of Familisme and Antinomianisme in the Antichristian Doctrine of John Saltmarsh (et al.)* [Una encuesta sobre el anticristo espiritual. Abramos los secretos del familismo y el antinomianismo en la doctrina anticristiana de John Saltmarsh], (Londres, 1658), 42, citado en Oss, «A Pentecostal/Charismatic Response to Robert L. Saucy», 168. Oss ofrece un útil resumen de Knox y Rutherford a través de su respuesta.

23. Este lenguaje proviene de los puntos 7 y 8 de la declaración de fe de las Asambleas de Dios, la denominación pentecostal más grande del mundo («Declaración de verdades fundamentales», https://ag.org/Beliefs/Statement-of-Fundamental-Truths, consultado el 9 de marzo de 2019).

en particular los que provienen del movimiento de la tercera ola, no comulgan con la teología de la segunda bendición.[24] Así como el tema de la regeneración bautismal añade una capa de complejidad al debate entre credobautistas y paidobautistas, el tema de la teología de la segunda bendición añade una capa de complejidad al debate entre continuistas y cesacionistas.

Otra capa de complejidad se añade porque los carismáticos y los no carismáticos a menudo tienen diferentes puntos de vista y actitudes sobre una diversidad de otros aspectos de la espiritualidad cristiana, cosas como la guerra espiritual y la posesión/opresión demoníaca, la expresión adecuada de la adoración como cuerpo de Cristo, los hábitos de ayuno y oración, la oración por los enfermos o los muertos, la interpretación de los sueños y las visiones, la medida del optimismo en la vida cristiana, y así sucesivamente. Estas diferencias suelen estar en juego en la discusión de los dones espirituales, aunque son aspectos diferentes.

Para ver cómo las ramificaciones prácticas de este tema pueden variar según factores como estos, considera los siguientes dos escenarios ficticios.

Primero, un continuista llamado Juan quiere ser miembro de una iglesia que no está oficialmente decidida sobre los dones, pero que es funcionalmente cesacionista. Juan cree que el hablar en lenguas es válido hoy en día, y practica este don en su vida privada de oración. También cree que la respuesta implícita en 1 Corintios 12:30 («¿Tienen todos dones?»), es no, y por lo tanto no considera que todo cristiano debe practicar este don. Además, sobre la base de 1 Corintios 12:13, cree que

---

24. El movimiento de tercera ola se refiere al movimiento carismático que comenzó en la década de 1989, asociado, por ejemplo, con las iglesias Vineyard y con John Wimber, que sigue los pasos del pentecostalismo a inicios del siglo XX (la «primera ola») y el movimiento evangélico carismático de las décadas de 1960 y 1970 (la «segunda ola»).

el bautismo en el Espíritu es parte de lo que sucede cuando te conviertes en cristiano (es, como dijo J. I. Packer, parte del «complejo conversión-iniciación».[25] Por lo tanto, Juan no considera que el hablar en lenguas indique un estatus espiritual distinto o un nivel de poder para el ministerio en aquellos que usan este don.

En consecuencia, mientras que la iglesia es funcionalmente cesacionista, no son legalistas hacia los cristianos carismáticos, y no consideran las prácticas carismáticas como destructivas o dañinas. Simplemente son más indefinidos. Durante la entrevista para la membresía, Juan da a conocer su convicción sobre este tema, y el anciano que realiza la entrevista le pide a Juan que no hable dentro de la iglesia sobre lo que cree, ya que podría crear una división. Como Juan vio en otra iglesia cuán destructiva puede ser la desunión en torno a este tema, está de acuerdo.

Ahora imagina un escenario alternativo. Un cristiano llamado Miguel es un continuista que cree que las lenguas son una evidencia del bautismo en el Espíritu Santo, y tiene el sincero deseo que todo cristiano conozca esta bendición. Solo ha asistido a iglesias pentecostales durante su infancia, pero en sus interacciones con cristianos de otras denominaciones, ha observado un tradicionalismo muerto y una mentalidad en contra de esta experiencia que él (comprensiblemente) considera que es como apagar al Espíritu (1 Tes. 5:19). Se preocupa por este peligro y desconfía de los cristianos que se centran en cultivar su conocimiento de las Escrituras sin la congruente preocupación por la aplicación práctica y la piedad. Esta comprensible y saludable preocupación lo lleva a veces a estar en contra de

---

25. J. I. Packer, *Keep in Step with the Spirit* [Sigue al Espíritu], (Tarrytown, NY: Revell, 1984), 202.

lo intelectual, como si el conocimiento teológico en sí mismo fuera peligroso.

Miguel asiste a una iglesia en la ciudad que es cesacionista, no de una manera agresiva o mezquina, pero sí con convicciones firmes. Han tenido algunas interacciones desagradables con un ministerio carismático en la universidad a la que asiste Miguel, lo que ha agudizado sus opiniones y los ha alertado sobre el potencial divisionismo de estos temas.

Es fácil ver en estos escenarios ficticios, pero no improbables, cómo el nivel de importancia del debate sobre el continuismo-cesacionismo puede variar ampliamente en función de una serie de factores en juego. Por ejemplo, incluso suponiendo que Miguel, Juan y los líderes de estas iglesias sean todos cristianos sinceros y piadosos, estas situaciones no se desarrollarían de forma diferente. En específico, sugeriría que la situación con Juan es más bien un asunto terciario, y la situación con Miguel es más bien un asunto secundario.

La razón principal por la que este debate puede convertirse en un asunto secundario es que el cesacionismo y el continuismo se *excluyen mutuamente* en un servicio eclesiástico o una reunión cristiana. O se aceptan o no se aceptan tales dones. Por lo tanto, lo que determinará la clasificación del continuismo frente al cesacionismo en el triaje teológico implica cuestiones prácticas como: 1) la importancia que se considera que tienen los dones espirituales milagrosos para el ministerio, 2) en qué contexto se consideran apropiados (por ejemplo, ¿ejercitarlos en un servicio de la iglesia o en un grupo pequeño?), y 3) qué tipos de actitudes y juicios se expresan hacia los cristianos de opinión opuesta.

En contextos donde los dones espirituales milagrosos no están centralizados y donde se mantienen diferentes convicciones con humildad e irenismo, este tema puede funcionar como una cuestión terciaria. Al igual que con el bautismo, la piedad y la enseñanza clara pueden reducir la división y ayudar así a que un tema, que de otro modo sería secundario, funcione como doctrina terciaria. Por ejemplo, la red de plantación de iglesias de Hechos 29 a veces se ha descrito a sí misma como «carismática con restricciones», y los diferentes pastores y líderes de la red tienen puntos de vista diferentes. Para aquellos que traten de emular este enfoque, los líderes de esos ministerios tendrán que trabajar arduamente para determinar cuáles son los parámetros de su práctica, y para proteger la unidad de su ministerio o iglesia.

En algunos contextos, especialmente a la luz de los complicados factores antes mencionados, los desacuerdos sobre los dones espirituales funcionarán necesariamente como una cuestión secundaria. Por ejemplo, los creyentes que están convencidos según 1 Corintios 14:1, de que la profecía es esencial para una iglesia sana, probablemente se sentirán continuamente frustrados en las iglesias cesacionistas a las que asisten. O, aquellos creyentes que consideran que los dones contemporáneos de lenguas son falsos tendrán dificultades para florecer en una iglesia carismática en la cual el hablar en lenguas se fomenta enfáticamente.

La tensión más fuerte se produce donde la práctica de los dones espirituales y la liberación demoníaca se enfatiza tanto que se convierte en el «centro de gravedad» funcional para un ministerio en particular. Esto a menudo lleva a un desplazamiento del evangelio como el enfoque de un ministerio y a una relación antagónica con los cristianos y grupos no carismáticos. Es vital que los no carismáticos reconozcan que cuando responden a ministerios como este, lo que objetan no es el continuismo *per se*. Mucho de lo que preocupa a los no carismáticos sobre la práctica carismática no es la presencia de los dones, sino su centralización y abuso. Si actualmente estás luchando con este tema, tengo un consejo. Ve más allá y muestra amor a los cristianos que tienen un punto de vista diferente y cuando tengas que expresar tu propio punto de vista hazlo con humildad y gracia. No subestimen lo complejo que puede ser este tema. Esto es especialmente importante cuando se tiene un punto de vista diferente al de los líderes de tu iglesia. Asegúrate de que sepan que los respetas por su liderazgo, y haz todo lo posible por «mantener la unidad del Espíritu en el vínculo de la paz» (Ef. 4:3). Es trágico cuando los mismos dones que el Espíritu Santo da para edificar y construir el cuerpo de Cristo terminan derribándolo.

Complementarismo contra igualitarismo

El debate entre complementaristas e igualitaristas es otro ejemplo de una cuestión secundaria. Los complementaristas afirman que hay roles distintos para hombres y mujeres en la Iglesia y el hogar, mientras que los igualitaritaristas declaran la igualdad de hombres y mujeres para diversos roles en la Iglesia y en la relación matrimonial. (Ahora, por supuesto, estas definiciones y términos son parte de lo que se disputa, y hay otros puntos de vista más allá de estos dos). Aquí identificaré tres razones por las que este debate es un asunto secundario.

En primer lugar, debemos reconocer que, al igual que el debate sobre los dones espirituales, este tiene una dimensión práctica: las dos posiciones son mutuamente excluyentes con respecto al gobierno de una iglesia local. O bien una iglesia solo permite ancianos varones o permite que las mujeres ocupen cargos. A menudo se oye decir a la gente: «No apoyo ni el complementarismo ni el igualitarismo», tratando de situarse en algún territorio intermedio. Ciertamente, debemos estar abiertos a los matices que implican las diferentes versiones de cada posición, y hay importantes puntos que se sobreponen entre las diversas opciones dentro de cada campo. Pero, en última instancia, en varios de los puntos en cuestión, no podemos apoyar ambas posiciones. Una iglesia debe decidir de una forma u otra si, por ejemplo, ordenará a mujeres como ancianas. No pueden decir sí y no a esta cuestión al mismo tiempo.

Además, la iglesia es responsable del discipulado de los matrimonios que asisten a ella y del asesoramiento prematrimonial de los miembros que buscan casarse. Esto inevitablemente implicará articular una visión clara de cómo debe ser el matrimonio. Algunas iglesias apoyarán un papel de liderazgo de servicio diseñado exclusivamente para los maridos, siguiendo el patrón del amor de Cristo por la Iglesia. Otros interpretarán Efesios 5 dentro de un marco cultural y harán hincapié en la sumisión mutua dentro de la relación matrimonial. Otros pueden optar por un punto de vista diferente, pero nadie puede evitar tomar una posición. Incluso si alguno evita completamente hablar de ello, eso en sí mismo es una posición.

En segundo lugar, el debate complementarismo-igualitarismo se complica por el contexto más amplio de cómo nuestra cultura está luchando actualmente con el género y la identidad. ¿Es el género en última instancia una construcción social o una realidad predeterminada? Cada vez más, no solo la noción de los distintos papeles del hombre y la mujer es controvertida, sino también el reconocimiento más básico de la masculinidad y la feminidad como realidades estables. De esta manera, las diferentes visiones de los roles de género se vinculan a visiones más amplias del florecimiento humano, como la definición adecuada del matrimonio. Aunque los complementaristas y los igualitaristas suelen estar de acuerdo en que la complementariedad de los géneros es esencial para el matrimonio, la *forma* en que cada parte lo hace se basa en diferentes presuposiciones, y cada parte suele considerar que la otra cede demasiado o muy poco a las tendencias culturales actuales. En otras palabras, la complementariedad frente al igualitarismo no se trata simplemente de cómo estructuramos nuestras iglesias y matrimonios, sino también de visiones contrapuestas de fidelidad a las Escrituras en medio de la turbulencia de la modernidad occidental tardía.

Una tercera capa del tema complementarismo-igualitarismo involucra la hermenéutica bíblica del tema. Los desacuerdos sobre el bautismo o los dones espirituales derivan de las diferencias sobre cómo interpretar las Escrituras, pero las diferencias no suelen dividirse en líneas conservadoras contra progresistas. Esta es, ya sea real o percibida, una dinámica involucrada en el debate sobre los roles de género. La raíz de la preocupación que tienen muchos complementaristas con el igualitarismo es la trayectoria hermenéutica que establece, de la misma manera que los igualitaristas a menudo consideran peligrosa la hermenéutica del complementarismo. Tanto si estas preocupaciones son válidas como si no, no se puede negar que esto forma parte del debate, y que aumenta la división.

Todo esto quiere decir que, si bien la discusión sobre el complementarismo y el igualitarismo no es un tema en el que se gane o se pierda el evangelio, influye de manera importante en *cómo* defendemos el evangelio. Esto hace que sea menos sorprendente que las iglesias u otros ministerios tomen una posición al respecto. Por ejemplo, la Coalición por el Evangelio, un ministerio que busca promover el ministerio centrado en el evangelio para la próxima generación, sostiene el complementarismo en su declaración de fe.[26] Sin embargo, como movimiento de personas e iglesias de diversos antecedentes denominacionales y teológicos, la Coalición por el Evangelio no se divide en cuestiones como el bautismo, el milenio o los dones espirituales.

La Coalición por el Evangelio se enfrenta a veces a críticas por afirmar el complementarismo en su declaración de fe y por no adoptar una posición sobre, por ejemplo, el bautismo. ¿No es inconsistente tratar de estar «centrado en el evangelio» y, sin embargo, tener una posición sobre cuestiones que lo separan de otros que también aman el evangelio? No necesariamente. Estas son decisiones de triaje teológico basadas en que, como vimos en el capítulo 2, las doctrinas pueden ser importantes para el evangelio, aunque no esenciales. Por lo tanto, tratar de hacer del evangelio algo central no necesariamente contradice la afirmación de la importancia de varias cuestiones secundarias. La declaración de fe de la Coalición por el Evangelio afirma, como ejemplos paralelos, la doble imputación, un modelo propiciatorio de la expiación, la elección divina y la inerrancia bíblica, doctrinas que a veces son disputadas por otros cristianos dentro de los límites de la ortodoxia.

Considera la siguiente analogía. Supongamos que estás iniciando una organización que se propone volver a centrar la práctica legal americana en la Constitución como la ley suprema de la nación. ¿Esto implica que tu organización debe ser neutral en todas las cuestiones relacionadas con la ley constitucional o la subsiguiente historia jurídica estadounidense? Por supuesto que no. Cualquier esfuerzo para volver a concentrarse

---

26. Ver D. A. Carson y Timothy Keller, eds., *The Gospel as Center: Renewing Our Faith and Reforming Our Ministry Practices* [El evangelio como el centro: Renovar nuestra fe y reformar nuestros ministerios], (Wheaton, IL: Crossway, 2012), 274-78.

en el objetivo inevitablemente implicará al menos algunas cosas de la periferia. Del mismo modo, es falso pensar que solo porque un tema sea distinto del evangelio, no tiene relación con el evangelio. Esto es vital para el reconocimiento de las doctrinas secundarias como una categoría válida.

A la luz de todo esto, es comprensible que los cristianos a veces consideren que las diferencias del complementarismo e igualitarismo complican, o tal vez impiden, la asociación en el ministerio o en formas más fuertes de alianza eclesiástica. Al mismo tiempo, debemos hacer varias advertencias. Primero, es importante afirmar claramente que este no es un asunto primario. Los complementaristas y los igualitaristas no solo pueden abrazarse como hermanos y hermanas en Cristo que comparten el evangelio, sino que deben vivir el evangelio en la forma en que nos tratamos unos a otros. Lamentablemente, esto no siempre sucede. Muy a menudo, cada lado supone lo peor del otro o asocia a todos los que tienen un punto de vista particular con sus peores representaciones. Los complementaristas conciben a los igualitaristas como liberales, y los igualitaristas consideran a los complementaristas como sexistas que oprimen a las mujeres.

Sería mejor reconocer que hay una variedad de expresiones de cada punto de vista y buscar puntos en común entre los defensores más reflexivos y cuidadosos de cada lado, pero sin restar importancia a las diferencias. Hay cristianos piadosos e inteligentes en cada lado. Debemos ser cautelosos de etiquetar este tema como un asunto secundario en el papel, pero permitirle ocupar una posición primaria en lo emocional y en la práctica.

Además, debemos reconocer que no todos los asuntos relacionados con el complementarismo son secundarios. Hay todo tipo de diferencias prácticas dentro de cada punto de

vista. Por ejemplo, en el campo del complementarismo, Andrew Wilson, John Piper, Tom Schreiner y otros debatieron
recientemente sobre si una mujer puede predicar en una iglesia local bajo la autoridad de los ancianos.[27] En mi opinión,
preguntas como esta, aunque son importantes, pertenecen a
doctrinas terciarias.

Finalmente, ya que me encuentro en el campo del complementarismo, hablaré de dos áreas en particular en las
que creo que nuestros miembros deben tener cuidado en
esta discusión.

En primer lugar, los complementaristas deben reconocer la
complejidad intrínseca en la tarea hermenéutica de la traducción cultural desde el siglo I hasta hoy. Por ejemplo, inmedia-
tamente después de que Pablo declara: «Esposas, sométanse a
sus propios esposos como al Señor» (Ef. 5:22), dice: «Esclavos,
obedezcan a sus amos terrenales» (Ef. 6:5). Por lo tanto, debemos hacer más que simplemente citar Efesios 5:22 y luego
seguir adelante, como si eso acabara con el asunto. De manera
similar, mientras Pablo fundamenta su prohibición de que las
mujeres enseñen a los hombres en la iglesia en la doctrina de
la creación (1 Tim. 2:11-15), también fundamenta su enseñanza
sobre la cobertura de la cabeza en la doctrina de la creación
(1 Cor. 11:2-16). Por lo tanto, el mero hecho de apelar a la

---

27. Por ejemplo, John Piper, «Can a Woman Preach If Elders Affirm It?» [«¿Puede una mujer predicar si los ancianos la respaldan?»], *desiringGod*, 16 de febrero de
2015, http://www.desiringgod.org/interviews/can-a-woman-preach-if-elders-affirm-it;
Andrew Wilson, «Women Preachers: A Response to John Piper» [«Predicadoras: Una
respuesta a John Piper»], *Think*, 6 de mayo de 2015, http://thinktheology.co.uk/blog/
article/women_preachers_a_response_to_john_piper; Thomas R. Schreiner, «Why Not
to Have a Woman Preach: A Response to Andrew Wilson» [«Por qué una mujer no
debe predicar: Una respuesta a Andrew Wilson»], *desiringGod*, 7 de mayo de 2015,
http://www.desiringgod.org/articles/why-not-to-have-a-woman-preach. Wilson y Jonathan Leeman ofrecieron más respuestas.

creación no nos dice por sí mismo cuál es una aplicación cultural y cuál un principio transcultural.[28]

No me malinterpreten: soy un complementarista y creo que hay principios transculturales en Efesios 5 y 1 Timoteo 2. Pero no mostramos suficiente respeto por esta cuestión o por aquellos con los que no estamos de acuerdo si actuamos como si la interpretación de estos pasajes fuera muy obvia, de tal manera que cualquier desviación de un punto de vista complementarista fuera una transigencia deliberada. La verdad no es tan simple, y deberíamos dar por sentada la sinceridad de aquellos con los que no estamos de acuerdo, y reconocer la complejidad de aplicar los mandamientos bíblicos de un contexto cultural a otro.

En segundo lugar, los complementaristas deben mostrar sensibilidad al daño hecho a nuestras hermanas en Cristo cuando somos demasiado restrictivos con respecto a este punto de vista. En algunos contextos complementaristas, los dones espirituales que el Espíritu Santo ha dado a las mujeres son trágicamente subestimados porque hacemos hincapié en lo que está prohibido en las Escrituras. Nuestra teología de los roles de género en la Iglesia no debe pasar por alto, por ejemplo, que muchas mujeres a lo largo del Antiguo Testamento fueron profetas (Miriam, Débora, Hulda, *et al.*), y que en el Nuevo Testamento el don de la profecía se da claramente tanto a hombres como a mujeres (Hech. 2:17-18; 21:9; 1 Cor. 11:5).

Además, se puede argumentar que las mujeres sirvieron como diaconisas en el Nuevo Testamento. Si bien la palabra *diakonos*

---

28. Para una útil respuesta al argumento del igualitarismo sobre este punto, ver Craig Blomberg, «A Response to Craig Keener» [«Respuesta a Craig Keener»] en *Two Views on Women in Ministry*, rev. ed., ed.

James R. Beck, *Counterpoints* [Contrapuntos], (Grand Rapids, MI: Zondervan, 2005), 251.

puedè utilizarse en un sentido no técnico para referirse a «siervo», que a «nuestra hermana Febe» se la llame «[*diakonos*] de la iglesia de Cencreas» (Rom. 16:1) hace que sea mucho más natural tomar el término como referencia a la posición oficial de la iglesia. Además, parece más verosímil que las mujeres de 1 Timoteo 3:11 sean diaconisas en vez de esposas de diáconos, ya que sería prejuicioso de parte de Pablo enumerar los requisitos para las esposas de los diáconos, pero no para los ancianos. También es sorprendente que la Iglesia haya tenido diaconisas en varios puntos de su historia (por ejemplo, a lo largo de los primeros siglos, en la Ginebra de Calvino), a pesar de que en general operaba en culturas mucho más patriarcales que la nuestra.[29]

Los complementaristas deberíamos considerar humildemente si, a veces, hemos ido demasiado lejos. Nuestra postura ante este tema no debería mostrar mayor temor de afirmar lo que está prohibido que de prohibir lo que está afirmado. Debemos celebrar la contribución que cada miembro puede hacer al cuerpo de Cristo.[30]

Si están interesados en explorar este tema más a fondo, permítanme mencionar dos recursos útiles:

Keller, Timothy, con Kathy Keller. «Soltería y matrimonio» en *El significado del matrimonio* (Hendrickson Pub, 2015).

Köstenberger, Andreas J., y Margaret Elizabeth Köstenberger. *God's Design for Man and Woman: A Biblical-*

---

29. Para un abordaje más completo sobre este tema, ver Thomas Schreiner, «Does the Bible Support Female Deacons? Yes» [«¿La Biblia respalda a las diaconisas? Sí»], Coalición por el Evangelio, 19 de febrero de 2019, https://www.thegospelcoalition.org/article/bible-support-female-deacons-yes/.

30. Desarrollé esta preocupación en mi artículo «4 Dangers for Complementarians» [«Cuatro peligros del complementarismo»], Coalición por el Evangelio, 14 de noviembre de 2014, https://www.thegospelcoalition.org/article/four-dangers-for-complementarians.

Theological Survey [El diseño de Dios para el hombre y la mujer: Un estudio teológico bíblico], (Wheaton, IL: Crossway, 2014).

La necesidad de sabiduría

Como advertí, mi exposición sobre cada uno de estos temas ha sido breve. No he tratado de resolverlos. Sin embargo, es de esperar que esta discusión haya llamado la atención sobre varios factores que complican los juicios del triaje teológico. Que una cuestión sea una doctrina secundaria o terciaria, o la importancia que tenga como doctrina secundaria, depende a menudo de las doctrinas que la acompañan y de la actitud con la que se sostiene. Hay que tener en cuenta el «paquete completo» para su consecuencia en la vida real.

A muchos de nosotros no nos gusta vivir con la ambigüedad. Nos gusta tener las cosas bien claras. Queremos saber, de una vez por todas, qué número asignar a cada tema en particular para poder funcionar a la luz de ese juicio.

Desafortunadamente, la vida real es más complicada de lo que permiten las categorías claras. Muchas doctrinas desafían una clasificación única sin tener en cuenta el contexto. Entonces, así como el valor es la gran necesidad alrededor de las doctrinas primarias, la gran necesidad alrededor de las doctrinas secundarias es la sabiduría. El triaje teológico no es cuestión de hacer cálculos. No es una ecuación matemática. Hay matices prácticos y relacionales constantemente en juego.

Por lo tanto, entre las prácticas más importantes para hacer el triaje teológico de manera efectiva se encuentran la oración y la confianza en el Espíritu Santo. La sabiduría teológica, como todas las formas de sabiduría, es más una cuestión espiritual que intelectual.

En esta área de la vida, como en todas las demás, debemos prestar atención al consejo de Salomón:

> Confía en el Señor con todo tu corazón, y no en tu propia inteligencia [...]. No seas sabio en tu propia opinión... (Prov. 3:5, 7).

Darnos cuenta de nuestra necesidad de sabiduría puede parecer una pequeña ganancia, pero nos anima a pedir humildemente a Dios que nos provea de lo que nos falta.

Afortunadamente, esta es una oración que Él ha prometido responder (Sant. 1:5).

6

Por qué no deberíamos dividirnos por las doctrinas terciarias

Tanto en la guerra como en la teología, hay batallas que deben evitarse. Así como podemos ser ineficaces por transigencia o inercia, también podemos ser ineficaces por impulsividad o prisa. De hecho, podría decir que tanto un teólogo sabio, como un general militar sabio, se caracterizará por la paciencia más que por la acción. La mayoría de las batallas que *podrías* llevar adelante no deberías librarlas. Y me atrevería a decir que la mayoría de las luchas doctrinales que los cristianos tienen hoy en día tienden a ser sobre asuntos terciarios o cuaternarios. Necesitamos cultivar una mayor tolerancia doctrinal, compostura y resiliencia.[1]

En este capítulo pondré sobre la mesa dos disputas doctrinales como ejemplos de esta necesidad: los días de la creación

---

1. El 26 de marzo de 2019, mi amigo Jonathan Leeman tuiteó un comentario que un pastor le hizo: «Pensé que mi trabajo como pastor se centraría en lograr que los miembros de mi iglesia se animen unos a otros a hacer lo que la Biblia ordena. En cambio, la mayor parte de mi trabajo es evitar que los miembros de mi iglesia exijan cosas entre ellos que la Biblia nunca exige».

de Génesis 1 y la naturaleza del milenio en Apocalipsis 20. Los cristianos suelen dividirse en cuanto a la interpretación de estos pasajes al principio y al final de la Biblia. Este capítulo sugiere que no deberíamos dividirnos, en ninguna forma, sobre estos dos temas.

Esto no quiere decir que *todo* lo relacionado con la protología (primeras cosas) y la escatología (últimas cosas) sea una doctrina terciaria. Estas áreas contienen una variedad de doctrinas primarias, como la creación *ex nihilo* (de la nada) o la naturaleza corporal de la segunda venida de Cristo.

Pero es una ironía histórica que los evangélicos norteamericanos hayan tendido a dividirse sobre los aspectos periféricos de la creación y la escatología mientras han ignorado los aspectos más centrales de estas doctrinas. Así, muchos evangélicos se centran más en el momento del rapto, la identidad del anticristo y la naturaleza del milenio (todas, en mi opinión, doctrinas terciarias) que, en la segunda venida de Cristo, la resurrección o el juicio final (todas, en mi opinión, doctrinas primarias). Del mismo modo, muchos evangélicos están íntimamente familiarizados con las «guerras de la creación», pero nunca han reflexionado de forma continua sobre cuestiones más básicas como la bondad y las circunstancias de la creación, en las que la Iglesia primitiva gastó tanta energía, y que son vitales para una cosmovisión cristiana.

Luchar por cuestiones terciarias no es útil. Pero pelear por cuestiones terciarias mientras simultáneamente se descuidan las cuestiones primarias es aún peor. Así que aquí abordaremos estas dos cuestiones para ilustrar dónde podemos beneficiarnos de una reflexión crítica sobre nuestras prioridades doctrinales.

Por qué los cristianos no deben dividirse sobre el tema del milenio

Comenzaremos por el final. El milenio en Apocalipsis 20 ha sido un tema divisorio en la historia reciente de la Iglesia.[2] En particular, el premilenialismo se mantuvo junto a la inerrancia bíblica como una cuestión de identidad en el primer movimiento fundamentalista-evangélico. En su autobiografía, por ejemplo, el líder evangélico Carl F. H. Henry describe varias ocasiones en las que fue un punto de división entre los primeros fundamentalistas y los evangélicos.[3]

O consideremos los primeros años del Seminario Teológico Fuller, cuando la institución era completamente premilenaria; el milenio estaba en la declaración de fe del seminario, y el cuerpo docente estaba muy dividido en cuanto a la visión del rapto antes de la tribulación y después de la tribulación. George Marsden llama a esto una «cuestión principal», con Harold Lindsell, Wilbur Smith, Gleason Archer, Carl Henry, Everett Harrison y Charles Woodbridge alineados con la visión pretribulación contra George Eldon Ladd, Edward John Carnell, Clarence Roddy y Daniel Fuller en el lado postribulación.[4] En ese escenario, *The Blessed Hope* [La Bendita Esperanza] (1956) de Ladd, una argumentación de premilenialismo histórico, fue considerada controversial. ¡Imagina cómo se habría visto el amilenialismo o el posmilenialismo!

---

2. El debate simplemente gira en torno al momento del regreso de Cristo en relación con la era dorada de mil años profetizada por Juan en Apocalipsis 20:1-6. Definí cada uno de los puntos de vista principales en el capítulo 3.

3. Carl F. H. Henry, *Confessions of a Theologian: An Autobiography* [Confesiones de un teólogo: Una autobiografía], (Waco, TX: Word, 1986), 67, 149.

4. George Marsden, *Reforming Fundamentalism: Fuller Seminary and the New Evangelicalism* [Reformar el fundamentalismo: Seminario Fuller y el nuevo evangelismo], (Grand Rapids, MI: Eerdmans, 1995), 151.

Esta situación es diferente hoy en día. Muchas denominaciones e iglesias han suavizado sus requerimientos sobre este tema y permiten una variedad de puntos de vista. David Roach señala: «A mediados del siglo xx, el pastor de Memphis R. G. Lee bromeó que ni siquiera diría "ahh" en el dentista, en referencia a la fuerte aversión que él y otros conservadores teológicos de la Convención Bautista del Sur sentían hacia el amilenialismo».[5] En la actualidad, existe una mayor diversidad de puntos de vista entre los bautistas del sur,[6] así como entre otras denominaciones, algunas de las cuales están cambiando de posición.[7]

Al mismo tiempo, muchas iglesias, redes y denominaciones todavía exigen el premilenialismo. Tom Schreiner señala: «Para algunos, el premilenialismo es prácticamente equivalente a la ortodoxia».[8] Robert Clouse llama al debate «uno de los elementos más divisorios de la reciente historia cristiana».[9]

Creo que el papel que ha jugado el milenio en la división de los evangélicos es desafortunado. En este punto ofrezco tres

---

5. David Roach, «Southern Baptists and the Millennium» [«Bautistas del sur y el milenio»], *SBC Life 22*, n° 5 (junio 2014); disponible en línea el 1 de junio de 2014, http://www.sbclife.net/article/2295/southern-baptists-and-the-millennium.

6. *Fe y Mensaje Bautistas* simplemente afirma que «Jesucristo regresará personal y visiblemente en gloria a la tierra» (artículo 10).

7. Por ejemplo, la Iglesia Evangélica Libre de América está considerando una moción para enmendar el artículo 9 de su declaración de fe para eliminar la palabra «premilenial» y reemplazarla por «gloriosa». Puedes leer sus razones para este cambio propuesto en su «Propuesta para enmendar la declaración de fe de la EFCA: una justificación del cambio», EFCA, https://www. efca .org/resources/document/propuestas-amend-efca-statement-faith, consultado el 7 de abril de 2019.

8. Thomas R. Schreiner, comentario sobre Sam Storms, *Kingdom Come: The Amillennial Alternative* [Venga tu reino: La alternativa amilenial], (Fearn, Ross-shire, UK: Mentor, 2013).

9. Robert G. Clouse, epílogo de *The Meaning of the Millennium: Four Views* [El significado del milenio: Cuatro perspectivas], ed. Robert G. Clouse (Downers Grove, IL: InterVarsity Press, 1977), 209.

razones por las que creo que no debemos dividirnos, en ningún contexto, por diferencias relativas al milenio: un argumento bíblico, práctico e histórico.

Primero, bíblicamente, el milenio se enseña en forma explícita en un solo pasaje, y es un pasaje particularmente difícil de interpretar, que se encuentra en el libro quizás más difícil del Nuevo Testamento. Esto distingue al milenio de las doctrinas que resultan de la convergencia de afirmaciones bíblicas o del desarrollo de un tema o motivo particular a lo largo de la Biblia. Por supuesto, los premilenialistas afirman que el milenio se sugiere en otras partes de la Biblia, y todas las opiniones sobre el milenio implican una argumentación a partir de una combinación de textos y reflexiones. Pero parece difícil negar que el principal pasaje en juego, el único que realmente menciona un milenio, es Apocalipsis 20:1-6. Si Apocalipsis 20 no existiera, sería cuestionable que el premilenialismo lo hiciera.

Esto ciertamente no descalifica, en sí mismo, al premilenialismo (y, de hecho, ningún otro punto de vista). Hay otras doctrinas que creemos sobre la base de relativamente pocos textos (como el nacimiento virginal, ¡el cual he defendido en este libro como doctrina primaria!). Por otra parte, un solo texto es suficiente para requerir nuestra aceptación si estamos convencidos en nuestra comprensión de él. Pero como he dicho, el pasaje que habla explícitamente de un milenio se encuentra en uno de los libros más difíciles de toda la Biblia. Apocalipsis está lleno de imágenes apocalípticas y simbolismo que es notablemente difícil de interpretar, y Apocalipsis 20:1-6 no es la excepción. Incluso permitiendo la apelación premilenialista a la noción de la revelación progresiva,[10] debemos ser cautelosos a

---

10. Wayne Grudem, *Systematic Theology: An Introduction to Biblical Doctrine* [Teología sistemática: Una introducción a la doctrina bíblica], (Grand Rapids, MI:

la hora de separarnos de otros cristianos por una visión basada principalmente en un texto muy controvertido, sobre el que incluso teólogos experimentados como San Agustín cambiaron de opinión (hablaremos más sobre Agustín en un momento). En segundo lugar, la doctrina del milenio marca una diferencia práctica significativamente menor en la vida cristiana y la salud de la Iglesia que las doctrinas secundarias que hemos estudiado. Ahora, por supuesto, algunos cristianos no están de acuerdo con esta afirmación. Lo más común es que la objeción surja del campo premilenialista en relación con las temidas implicaciones hermenéuticas del amilenialismo y el posmilenialismo. Si «espiritualizamos» este pasaje, ¿cuáles otros seguirían? John Walvoord expresó esta preocupación: «El modernista que espiritualiza la resurrección de Cristo lo hace casi con el mismo método utilizado por B. B. Warfield, quien encuentra el cielo descrito en Apocalipsis 20:1-10».[11] Sin embargo, como señala George Ladd, hay una diferencia crucial entre el liberal que reconoce que la resurrección de Cristo se enseña en la Biblia, pero la rechaza por otros motivos, y el amilenialista que acepta una imagen celestial en el Apocalipsis precisamente porque piensa que eso es lo que el texto significa.

Zondervan, 1994), 1117, sostiene que esto es similar a la situación al final de la era del Antiguo Testamento: «Todo el Antiguo Testamento no tiene una enseñanza explícita en el sentido de que el Mesías vendría dos veces, una vez como un Mesías sufriente que moriría y resucitaría para obtener nuestro salvación, y luego como un Rey conquistador para gobernar sobre la tierra». Para muchos, sin embargo, un interludio milenario posterior al regreso de Cristo parecería una mayor sorpresa que dos venidas mesiánicas distintas. Después de todo, los amilenialistas y los posmilenistas argumentan que el Nuevo Testamento es explícito en que la resurrección de los muertos es ocasionada por la segunda venida de Cristo: «Pues así como en Adán todos mueren, también en Cristo todos volverán a vivir, pero cada uno en su debido orden: Cristo, las primicias; después, cuando él venga, los que le pertenecen» (1 Cor. 15:22–23).

11. John F. Walvoord, *The Millennial Kingdom* [El reino milenial], (Findlay, OH: Dunham, 1959), 71.

Aunque tanto el liberal como el amilenialista están equivocados, lo están por diferentes razones y de diferentes maneras. Por lo tanto, Ladd responde que el milenio «es una cuestión en la que igualmente los eruditos evangélicos que aceptan la Biblia como la Palabra inspirada de Dios deberían poder estar en desacuerdo sin acusarlos de "liberales"».[12] Más aún, aunque aceptáramos que la diferencia entre el premilenialismo y las alternativas consiste en una interpretación «laxa», ¿por qué no dividirse sobre esta hermenéutica en sí misma, en lugar de su aplicación en este caso?

Algunos podrían protestar que el milenio es importante porque afecta significativamente nuestra perspectiva del futuro, y relacionado con esto, nuestra postura hacia la cultura actual. Sin embargo, gran parte del pesimismo u optimismo que históricamente se ha asociado con las opiniones sobre el milenio no es intrínseco a la posición en cuestión. Por ejemplo, algunos amilenialistas han sido muy pesimistas sobre el futuro, pero otros no lo son; y no hay nada en el amilenialismo que *requiera* pesimismo cultural (yo mismo soy un alegre amilenialista). En menor medida, esto parece ser cierto en los otros puntos de vista, aunque algunos sostienen que el optimismo es un rasgo esencial del posmilenialismo.[13] Por lo tanto, aunque concluyamos que nuestra perspectiva del futuro es un factor significativo en la vida cristiana (que no es en sí mismo un punto obvio), sería mejor abordar directamente este tema de nuestras expectativas futuras, en lugar de las opiniones sobre el milenio que se toman para influir en esa expectativa. Es de gran necesidad en el debate sobre el milenio, desenmarañar los puntos de vista

---

12. George Eldon Ladd, «Historic Premillennialism» [«El premilenialismo histórico»] en Clouse, *Meaning of the Millennium* [Significado del milenio], 20.

13. Greg Bahnsen, «The Prima Facie Acceptability of Postmillennialism» [«La aceptación del posmilenialismo»], *The Journal of Christian Reconstruction 3*, nº 2 (1976–1977): 65.

reales de las actitudes culturales que se han asociado a ellos, pero que no son estrictamente necesarias para ellos.[14]

Una tercera razón para no dividirnos debido a los puntos de vista sobre el milenio se relaciona con la posición histórica de la Iglesia sobre este tema. A veces la historia de la Iglesia puede ayudarnos a identificar dónde difiere nuestra amplitud teológica de la de otros cristianos. Ese es el caso del milenio. Específicamente, la postura evangélica estadounidense hacia el premilenialismo es un tanto excéntrica cuando se compara con la postura de la Iglesia global e histórica.

A lo largo de la historia de la Iglesia, la noción de un reino literal de mil años en la tierra después de la venida de Cristo ha sido a menudo llamada «quilismo» y «milenarismo». Una versión parecida fue sostenida por algunos padres de la Iglesia primitiva, como Justino Mártir e Ireneo, y ocasionalmente surgió con un énfasis más apocalíptico entre ciertos grupos separatistas de la Iglesia primitiva y medieval.[15] Sin embargo, contrario a lo que afirman algunos, el quilismo no era la opinión universal entre los padres de la Iglesia preagustiniana, y no fue la primera opinión común, sino que floreció en el siglo II.[16]

---

14. Como indicó Samuel Allen Dawson: «El peligro de discutir estos temas en un nivel de actitud, pesimista u optimista, es que tal discusión puede conducir a la elección de una doctrina por razones distintas a las Escrituras», «The Millennium: An Examination and Analysis of the Methodologies and Strategies of the Various Positions on the Millennial Issue» [«El milenio: Estudio y análisis de las metolodolgías y estrategias»] (PhD dis., Trinity Evangelical Divinity School, 1998), 8.

15. Michael Horton, *The Christian Faith: A Systematic Theology for Pilgrims on the Way* [La fe cristiana: Una teología sistemática para los peregrinos en el camino], (Grand Rapids, MI: Zondervan, 2011), 923, 925, resalta la presencia de formas apocalípticas del milenarismo entre los Montanistas en la Iglesia primitiva y en varias sectas medievales como los albigenses y los cataristas.

16. Para una perspectiva útil, ver Charles E. Hill, *Regnum Caelorum: Patterns of Millennial Thought in Early Christianity* [Patrones de pensamiento sobre el milenio en el cristianismo primitivo], 2ª ed. (Grand Rapids, MI: Eerdmans, 2001).

Además, desde el momento en que Agustín cambió de opinión a favor del amilenialismo en *La Ciudad de Dios* a principios del siglo V hasta el siglo XVII, todos esos esquemas premileniales fueron eclipsados por la expectativa generalizada de que el reino milenario de Cristo precedería a Su regreso.[17] La opinión predominante durante este tiempo fue bien expresada por Tomás de Aquino, quien argumentó que los 1000 años de Apocalipsis 20 se refieren a

> todo el tiempo de la Iglesia en la que tanto los mártires como los demás santos reinan con Cristo, tanto en la Iglesia actual, que se llama el reino de Dios, como también, en lo que se refiere a las almas, en la patria celestial; pues «los 1000» significan la perfección.[18]

Este punto de vista se mantuvo entre los reformadores y a lo largo de la tradición reformada subsiguiente.

Así pues, el premilenialismo ha sido la opinión minoritaria durante la mayor parte de la historia de la Iglesia, y el premilenialismo dispensacional —la opinión predeterminada de los tiempos finales en muchos círculos evangélicos— no existió sino hasta el siglo XIX.[19] No solo esto, sino que el premilenialismo ha sido a menudo una visión muy controversial. Louis Berkhof afirma que «la doctrina del milenio nunca ha sido incorporada en una sola confesión y, por lo tanto, no puede

---

17. Ver Gregg R. Allison, *Historical Theology: An Introduction to Christian Doctrine* [Teología histórica: Una introducción a la doctrina cristiana], (Grand Rapids, MI: Zondervan, 2011), 683–701.

18. Tomás de Aquino, *Summa contra Gentiles*, 5 vols. (Garden City, NY: Doubleday, 1955–1957), 4:329, citado en Thomas C. Oden, *Classic Christianity: A Systematic Theology* (New York: HarperOne, 1992), 806.

19. Para una perspectiva útil del premilenialismo dispensacional, tanto en su desarrollo histórico como en comprender cómo se volvió tan popular entre los evangélicos estadounidenses, ver Storms, *Kingdom Come*, 43–69.

ser considerada como un dogma de la Iglesia».[20] Sin embargo, si alguna visión milenaria *ha* tenido una relación precaria con la ortodoxia, es el premilenialismo. Por ejemplo, fue condenada como superstición por el Concilio de Éfeso en 431,[21] y algunas confesiones reformadas posteriores ampliaron este juicio. La Primera Confesión Helvética, por ejemplo, afirma: «También rechazamos el sueño judío de un milenio, o edad de oro en la tierra, antes del último juicio» (art. 11).

Debemos tener precaución al evaluar algunas de las condenas del «quilismo» y el «milenarismo» que encontramos a lo largo de la historia de la Iglesia, ya que lo que se rechazaba a veces difería significativamente del premilenialismo evangélico moderno. En la Iglesia primitiva, los puntos de vista milenialistas se asociaron originalmente con los montanistas, llamados así por Montanus, quien proclamaba una revelación especial que indicaba que Cristo regresaría durante su existencia. De modo similar, cuando Juan Calvino condenó a los «quilistas» en su época diciendo que «su ficción es demasiado infantil para necesitarla o para merecer una refutación», parece haber previsto una visión más fanática entre los anabautistas que consideraba ponía en peligro la eternidad del cielo.[22] En otras

---

20. Louis Berkhof, *The History of Christian Doctrine* [La historia de la doctrina cristiana], (Grand Rapids, MI: Baker, 1975), 264.

21. Ver la discusión en Stanley J. Grenz, *The Millennial Maze: Sorting Out Evangelical Options* [El laberinto milenial: Evaluando las opciones evangélicas], (Downers Grove, IL: InterVarsity Press, 1992), 44; comp. Michael J. Svigel, «The Phantom Heresy: Did the Council of Ephesus (431) Condemn Chiliasm?» [«La herejía fantasma: ¿el concilio de Éfeso condenó el quilismo?»] Bible.org, 17 de septiembre de 2004, https://bible.org/article/phantom-heresy-did-council-ephesus-431-condemn-chiliasm#P8 _513.

22. Juan Calvino, *Institutes of the Christian Religion* [Institución de la religión cristiana], ed. John T. McNeill, trad. Ford Lewis Battles, 2 vols. (Louisville: Westminster John Knox, 2006), 3.25.5. La falta de atención de Calvino al milenio es sorprendente; él dedica la mayor parte de su abordaje escatológico en su *Institución* a la resurrección final.

palabras, el premilenialismo que ha desatado controversias a lo largo de la historia de la Iglesia a menudo lo ha hecho debido a su asociación con adherentes fanáticos o herejes. También debemos tener en cuenta que los tipos de posmilenialismo y amilenialismo que se encuentran a lo largo de la historia de la Iglesia a veces difieren de las expresiones modernas de estos puntos de vista. Por ejemplo, Agustín entendía que el reinado con Cristo en Apocalipsis 20 implicaba *tanto* el gobierno de los creyentes fallecidos en el cielo durante la era de la Iglesia *como* el reinado espiritual y eclesiástico de los creyentes en la tierra durante la era de la Iglesia.[23]

Pero si el testimonio histórico de la Iglesia no debe utilizarse para etiquetar el premilenialismo como una herejía, debería, al menos, desalentarnos de elevarlo como una prueba de fuego de la ortodoxia. Por ejemplo, es difícil sostener la afirmación de que el amilenialismo o posmilenialismo reflejan una postura liberal o aberrante hacia las Escrituras, ya que requeriría que consideráramos como hermenéuticamente sospechosa esencialmente a toda la Iglesia durante doce siglos, incluyendo a Agustín y a la Iglesia medieval, a Juan Calvino y a los otros reformadores, y a John Owen y virtualmente a todos los puritanos. Alternativamente, si alguien afirma que las voces modernas son más relevantes que las premodernas para probar nuestra hermenéutica en esta cuestión, debemos tener en cuenta que el más firme defensor de una doctrina conservadora de las Escrituras en la era moderna, B. B. Warfield, fue un posmilenialista, como lo fueron la mayoría de sus colegas en el Seminario Teológico de Princeton en aquel tiempo. Nos pone en una posición bastante incómoda, por decirlo así, sugerir

---

23. Como indica, por ejemplo, Anthony A. Hoekema, *The Bible and the Future* [La Biblia y el futuro], (Grand Rapids, MI: Eerdmans, 1979), 183.

que la hermenéutica de Juan Calvino, Jonathan Edwards y B. B. Warfield está en peligro de ponernos en la resbaladiza pendiente hacia el liberalismo.

Anteriormente he citado *Christianity and Liberalism* [Cristianismo y liberalismo] de J. Gresham Machen sobre la naturaleza de los sacramentos. En el mismo contexto, trata el milenio, afirmando que el premilenialismo le causó «seria preocupación», ya que va unido a «un falso método de interpretación de la Escritura que a la larga será dañino». Al mismo tiempo, Machen enfatiza lo mucho que tiene en común con los que sostienen este punto de vista, y expresa su falta de voluntad de separarse de ellos:

> Sin embargo, ¡cuán grande es nuestro acuerdo con los que sostienen la visión premilenial! Comparten plenamente nuestra reverencia por la autoridad de la Biblia, y solo difieren de nosotros en la interpretación de la Biblia; comparten la atribución de la deidad al Señor Jesús, y nuestra concepción sobrenaturalista, tanto de la entrada de Jesús en el mundo como de la consumación cuando Él vuelva. Por tanto, desde nuestro punto de vista, su error, por grave que sea, no es un error mortal; y la comunión cristiana, con la lealtad no solo a la Biblia, sino también a los grandes credos de la Iglesia, todavía puede unirnos a ellos.[24]

Machen fue el líder de la gran separación conservadora de la iglesia presbiteriana a principios del siglo XX. No se le puede acusar de ser débil en cuanto a la sana doctrina o indolente con la causa de las polémicas teológicas. Haríamos bien en considerar su apelación de que la «comunión

---

24. J. Gresham Machen, *Christianity and Liberalism* [Cristianismo y liberalismo], (Nueva York: Macmillan, 1923), 49.

cristiana» no tiene por qué estar en juego en los desacuerdos sobre este tema. La diversidad de puntos de vista sobre el milenio en la Iglesia de la actualidad también debe inducir a la humildad y el cuidado en nuestros juicios. Muchos profesores de la Iglesia, incluidos los conservadores que no pueden ser acusados de minimalismo doctrinal, evitan incluso tomar una posición sobre el milenio. Por ejemplo, el libro de escatología de R. C. Sproul concluye con un capítulo sobre el milenio en el que simplemente describe los diferentes puntos de vista y se abstiene de tomar una posición.[25] Otros pastores van más allá en el interés por la unidad. Mark Dever, pastor principal de la Iglesia Bautista Capitol Hill en Washington, D. C., ha reflexionado mucho sobre cómo deberían funcionar las iglesias locales, al igual que sus colegas de 9Marks. En 2009, hizo un fuerte llamado para que las iglesias no se dividan por su opinión sobre el milenio:

> Lo que crees sobre el milenio —cómo interpretas estos mil años— no es algo en lo que debamos ponernos de acuerdo para tener una congregación unida. El Señor Jesucristo oró en Juan 17:21 para que los cristianos seamos uno. Por supuesto que todos los verdaderos cristianos son uno ya que tenemos Su Espíritu, compartimos Su Espíritu, deseamos vivir esa unidad. Pero esa unidad debe ser evidente como un testimonio para el mundo que nos rodea [...]. Así que, si eres pastor y me escuchas, me entiendes correctamente al pensar que estoy diciendo que estás en pecado si llevas a tu congregación a tener una declaración de fe que requiere una visión particular sobre el milenio. No entiendo por qué

---

25. R. C. Sproul, *The Last Days according to Jesus: When Did Jesus Say He Would Return?* [Los últimos días de acuerdo a Jesús], (Grand Rapids, MI: Baker, 1998), 193–203.

eso tiene que ser un requisito para tener unidad cristiana en una congregación local.[26]

Suponiendo que este llamamiento sea correcto y que las iglesias no deban dividirse por el milenio, esto no implica, por supuesto, que el milenio no sea importante. Dios ha inspirado Apocalipsis 20:1-6 para nuestra edificación, y es nuestra responsabilidad estudiar y aplicar este pasaje lo mejor que podamos. El punto es que podemos debatir nuestras diferencias desde *dentro* del contexto de la unidad cristiana, expresada en la membresía de la iglesia local o en cualquier otro contexto. En 2009, John Piper modeló este tipo de diálogo serio al organizar un debate sobre el milenio con un representante de cada punto de vista.[27] Fue edificante ver cómo todos los oradores participantes se preocupaban apasionadamente por la correcta interpretación de las Escrituras y, sin embargo, pudieron debatir sus diferencias con un discernible espíritu de hermandad en el evangelio.

Por qué los cristianos no deben dividirse en cuanto a los días de la creación

Ahora regresemos al principio. Uno de los temas más controvertidos en la Iglesia de la actualidad, al menos en mi contexto

---

26. El texto de este sermón fue publicado por Justin Taylor, «Dever: "You Are in Sin If You Lead Your Congregation to Have a Statement of Faith That Requires a Particular Millennial View"» [«Estás en pecado si llevas a tu congregación a tener una declaración de fe que requiere una visión particular sobre el milenio»], Coalición por el Evangelio, 14 de julio de 2009, https://www.thegospelcoalition.org/blogs/justin-taylor/dever-you-are-in-sin-if-you-lead-your.

27. Los participantes fueron Jim Hamilton (profesor de Nuevo Testamento en el Seminario Bautista del Sur), Sam Storms (pastor de Bridgeway Church, Oklahoma City), y Doug Wilson (pastor de Christ Church, Moscow, Idaho). El debate, titulado «Una velada de escatología», 27 de septiembre de 2009, puede verse en https://www.desiringgod.org/interviews/an-evening-of-eschatology.

en Estados Unidos, se refiere a la interpretación de los días de la creación en Génesis 1. Un locutor de radio cristiano me dijo una vez que había tres temas que la emisora sabía que recibirían numerosas llamadas cuando se abordaran en una emisión, sin importar la perspectiva que se ofreciera: el racismo, Donald Trump y la creación.

Al Mohler, que ha contribuido a popularizar la noción de «triaje teológico», es un franco defensor del enfoque de la creación de la tierra joven. No obstante, Mohler identifica el debate sobre los días de la creación como una doctrina terciaria, y afirma que no solo tiene muchos amigos que sostienen una posición contraria, sino que los contrata como profesores.[28] Permítanme hacer unas breves observaciones de acuerdo con la clasificación de Mohler sobre este debate.

Al igual que el debate sobre el milenio, los diferentes puntos de vista sobre Génesis 1 son menos relevantes en la práctica para la organización de una iglesia local o su culto, la evangelización y el testimonio del evangelio que otras doctrinas. Algunos creacionistas de la tierra joven discuten esta afirmación, por supuesto. Algunos incluso sostienen que no interpretar los días de Génesis 1 como días de 24 horas socava el propio evangelio y efectivamente, convierten esta cuestión en una doctrina primaria. Algunos argumentan que, si «transigimos» en una lectura literal del primer capítulo de la Biblia, ¿por qué no transigimos en algún otro pasaje? Otros afirman que permitir la muerte de los animales antes de la caída de los humanos hace que Dios sea el autor del mal. Los defensores de este punto de

---

28. Este comentario se hizo durante una discusión con C. John Collins sobre la pregunta «¿La Escritura habla definitivamente a la edad del universo?», celebrada en la Trinity Evangelical Divinity School en febrero de 2017. Ver http://henrycenter.tiu.edu/resource/genesis-the-age-of-the-earth-does-scripture-speak-definitively-on-the-age-of-the-universe.

vista son muy terminantes y este enfoque ha sido ampliamente aceptado en muchas iglesias evangélicas americanas.

En ambos puntos, la historia puede volver a proporcionar una valiosa perspectiva. Los días de la creación no siempre han sido tan divisorios, incluso desde Darwin. En los círculos evangélicos, en particular en los evangélicos estadounidenses desde la década de 1960, el debate sobre la creación se ha desarrollado de una forma un tanto excéntrica y parroquial.

Por ejemplo, muchos protestantes conservadores del siglo XIX y principios del XX no dudaron en tratar de conciliar Génesis 1 con los datos geológicos que indicaban una tierra y un universo más antiguos. Muchos críticos prominentes del liberalismo teológico, como Machen, y defensores de una visión ortodoxa de las Escrituras, como Warfield, respaldaron una tierra más antigua y un universo más antiguo y no tuvieron problemas para reconciliar esto con Génesis 1. Lo mismo puede decirse de una enorme variedad de líderes cristianos que representan diversos lugares y tradiciones, desde el predicador bautista Charles Spurgeon, hasta el eclesiástico escocés Thomas Chalmers, al teólogo holandés reformado Herman Bavinck, a los líderes evangélicos como Carl Henry en los Estados Unidos o John Stott en Gran Bretaña, y así sucesivamente.[29]

Tomemos como ejemplo a Charles Spurgeon. En un sermón sobre el Espíritu Santo, predicado el 17 de junio de 1855, cuatro años antes de la publicación de «El origen de las especies» de Darwin, Spurgeon citó Génesis 1:2 y luego afirmó:

---

29. Para más sobre este tema, ver Ronald L. Numbers, *The Creationists: From Scientific Creationism to Intelligent Design* [El creacionista: Del creacionismo científico al diseño inteligente], 2ª ed. (Cambridge, MA: Harvard University Press, 2006), y *Darwin, Creation, and the Fall: Theological Challenges* [Darwin, creación y la caída: Desafíos teológicos], ed. R. J. Berry y T. A. Noble (Nottingham, UK: Apollos, 2009).

No sabemos cuán remoto puede ser el período de la creación de este globo, ciertamente muchos millones de años antes de la época de Adán. Nuestro planeta ha pasado por varias etapas de existencia, y diferentes tipos de criaturas han vivido en su superficie, las cuales todas han sido creadas por Dios.[30]

Spurgeon procedió a describir el papel del Espíritu en el orden del caos en el proceso de la creación, citando un poema de John Milton para destacar el poder del Espíritu en este papel. En un sermón unos meses después, afirmó:

> Hemos descubierto que miles de años antes, Dios estaba preparando la materia caótica para hacerla una morada adecuada para el hombre, poniendo sobre ella razas de criaturas que podrían morir y dejar atrás las marcas de Su obra y maravillosa habilidad antes de intentar crear al hombre.[31]

Lo más sorprendente, quizás, no es tanto la afirmación de Spurgeon de millones de años antes de Adán, sino su aparente falta de ansiedad o dificultad para aceptar esta noción sin mucho argumento o preocupación en el contexto de un sermón.

Las cosas han cambiado desde los tiempos de Spurgeon. Los puntos de vista sobre la creación se han polarizado más a medida que el debate sobre la creación y la evolución se ha convertido en un foco de tensión más visible en la cultura estadounidense a través de acontecimientos como el juicio de Scopes en la década de 1920, y en particular desde el lanzamiento del movimiento «creacionista de la tierra joven» en

---

30. Charles Spurgeon, sermón 30, «El poder del Espíritu Santo» en *The Complete Works of C. H. Spurgeon* [Las obras de Charles Spurgeon], vol. 1, Sermones 1 al 53 (Cleveland, OH: Pilgrim, 2013), 88.
31. Charles Spurgeon, sermones 41–42, «Elección incondicional» en *The Complete Works of C. H. Spurgeon*, 1:122.

1961 con la publicación de *The Genesis Flood*[32] [El Diluvio del Génesis] de John Whitcomb y Henry Morris. Antes de esto, la mayoría de los cristianos no insistían en el creacionismo de la tierra joven ni lo consideraban el punto de vista conservador. La *Biblia de referencia Scofield* (enormemente popular a principios del siglo xx) defiende la teoría de la brecha, una especie de creacionismo de la tierra antigua. William Jennings Bryan (que representó a la fiscalía en el juicio de Scopes) sostenía una visión de la edad del día; esta también es una interpretación creacionista de la tierra antigua de Génesis 1.[33] Tales opiniones eran tan comunes que, sorprendentemente, el editor evangélico conservador Moody Press podía incluso negarse a publicar *The Genesis Flood* por la preocupación de que «la firme insistencia en seis días literales podría ofender a sus electores».[34] Como resume Tim Keller:

> A pesar de la impresión generalizada de lo contrario, tanto dentro como fuera de la Iglesia, la ciencia de la creación moderna no fue la respuesta tradicional de los protestantes conservadores y evangélicos en el siglo xix cuando la teoría de Darwin se dio a conocer por primera vez [...]. R. A. Torrey, el editor fundamentalista de *The Fundamentals* [Los Fundamentos] (publicado de 1910 a 1915, que definió el término «fundamentalista»), dijo que era posible «creer plenamente en la infalibilidad de la Biblia y seguir siendo

---

32. John C. Whitcomb y Henry M. Morris, *The Genesis Flood: The Biblical Record and Its Scientific Implications* [El diluvio de Génesis: El registro bíblico y sus implicaciones científicas], (Philadelphia: Presbyterian and Reformed, 1961).

33. La teoría de la brecha, popularizada por Thomas Chalmers en el siglo xix, afirma una brecha entre Génesis 1:1 y 1:2, mientras que la visión día-edad contempla los «días» como largas épocas de tiempo.

34. Matthew Barrett y Ardel B. Caneday, introducción a *Four Views on the Historical Adam* [Cuatro perspectivas del Adán histórico], ed. Matthew Barrett y Ardel B. Caneday, *Counterpoints* [Contrapuntos], (Grand Rapids, MI: Zondervan, 2013), 19.

un evolucionista de cierto tipo». El hombre que definió la doctrina de la inerrancia bíblica, B. B. Warfield de Princeton († 1921) creía que Dios podía haber usado algo como la evolución para crear formas de vida.[35]

Además, no solo en la era moderna los cristianos han leído Génesis 1 de manera diferente. Muchos en la Iglesia primitiva, mucho antes de cualquier presión del descubrimiento científico de la edad del universo, sostenían que los días de Génesis 1 no eran períodos de 24 horas. San Agustín, por ejemplo, en los siglos IV y V, escribió varios comentarios sobre Génesis. En su último esfuerzo, un comentario «literal» sobre Génesis, destacó la dificultad de esta cuestión: «Es en efecto una tarea ardua y extremadamente difícil para nosotros llegar a lo que el escritor quiso decir con estos seis días, por más concentrada que esté nuestra atención y vivaz nuestra mente».[36]

La lucha de Agustín con Génesis 1 es contraria a los que afirman que la interpretación del texto es una cuestión de obviedad o sentido común. En última instancia, con respecto a la relación de los días de 24 horas como los conocemos con los «días» de Génesis 1, Agustín afirmó que «no debemos tener ninguna duda de que no son en absoluto como ellos, sino más bien, muy diferentes».[37] Agustín entendió la descripción de la obra de la creación de Dios en siete días como una adaptación al entendimiento humano, haciendo una comparación entre la creación divina y una semana de trabajo humano. Agustín llegó

35. Tim Keller, *The Reason for God: Belief in an Age of Skepticism* [La razón para Dios: Creer en una época de escepticismo], (Nueva York: Dutton, 2008), 262n18.

36. Agustín, *On Genesis: A Refutation of the Manichees, . . . The Literal Meaning of Genesis* [Respuesta a los maniqueos [...] El significado literal de Génesis], trad. Edmund Hill, ed. John E. Rotelle (Hyde Park, NY: New City, 2002), 241.

37. Agustín, *Literal Meaning of Genesis*, 267.

a este punto de vista por una variedad de razones textuales, incluyendo el problema de la luz que llega en el día 1 antes que las luminarias en el día 4, el problema de la cronología introducido en Génesis 2:4-6, y la presentación del descanso de Dios en el día 7.[38]

Los primeros cristianos también tenían diferentes intuiciones sobre la muerte de los animales que las que son comunes hoy en día. Respondiendo a las críticas de la creación de Dios por parte de los maniqueos, Agustín defendió vigorosamente la bondad de la muerte de animales y plantas antes de la caída:

> Es ridículo condenar las faltas de las bestias y de los árboles, y otras cosas tan mortales y mutables que están vacías de inteligencia, sensación o vida, aunque estas faltas deberían destruir su naturaleza corruptible; porque estas criaturas recibieron, por voluntad de su Creador, una existencia adecuada.[39]

Tanto Ambrosio como Basilio, en su famoso abordaje de los días de la creación, enfatizaron la sabiduría de Dios en la creación de animales carnívoros. Basilio, por ejemplo, advirtió contra los juicios precipitados sobre cómo Dios creó el reino animal:

> Que nadie acuse al Creador de haber producido animales venenosos, destructores y enemigos de nuestra vida. O que consideren un crimen al maestro de escuela cuando disci-

---

38. Abordo de manera más amplia las perspectivas de Agustín en Gavin Ortlund, *Retrieving Augustine's Doctrine of Creation: Ancient Wisdom for Current Controversy* [Recuperando la doctrina de la creación de Agustín: Sabiduría antigua para la controversia actual], (Downers Grove, IL: IVP Academic, 2020).

39. Agustín, *The City of God* [La ciudad de Dios], trad. Marcus Dods (Nueva York: Modern Library, 2000), 383.

plina la inquietud de la juventud con el uso de la vara y el látigo para mantener el orden.[40]

En la época medieval, Tomás de Aquino sostuvo que «la naturaleza de los animales no fue cambiada por el pecado del hombre, como si aquellos cuya naturaleza ahora es devorar la carne de otros, hubieran vivido entonces de hierbas, como el león y el halcón».[41] Este telón de fondo histórico proporciona el contexto para nuestros debates actuales sobre la creación. También nos ayuda a apreciar que muchos de los que afirman una lectura «histórica» de Génesis 1 no interpretan los días como 24 horas. La cuestión no es *si*, sino *cómo* Génesis 1 está narrando la historia. Prácticamente todos los comentaristas reconocen las diferencias de lenguaje y estilo entre Génesis 1:1–2:3 y el resto del libro, así como entre la narración pictórica más comprimida de Génesis 1–11 y la subsiguiente narración de Génesis 12–50.[42] La Biblia utiliza diversos géneros literarios para transmitir acontecimientos históricos, y muchos pasajes históricos emplean un lenguaje estilizado, simbólico o elevado. Las descripciones poéticas de la salvación de David en el Salmo 18, las visiones nocturnas de Zacarías 1–6, el canto de Débora y Barac en Jueces 5, y las visiones apocalípticas de Juan en el Apocalipsis se refieren a acontecimientos que ocurren en la historia. Pero

---

40. Basilio, *Hexaemeron 9.5*, en *Basil, Letters and Selected Works* [Basilio, cartas y obras selectas], vol. 8 de *Nicene and Post-Nicene Fathers* [Padres nicenos y postnicenos], ed. Philip Schaff y Henry Wace, trad. Blomfield Jackson (Peabody, MA: Hendrickson, 1994), 105.

41. Tomás de Aquino, *Summa theologica*, I, q. 96, art. 1, trad. *Fathers of the English Dominican Province* [Padres de la provincia dominica inglesa], (Notre Dame, IN: Christian Classics, 1948), 486.

42. Para una expresión elocuente sobre este punto, ver J. I. Packer, «Hermeneutics and Genesis 1–11» [«Hermenéutica y Génesis 1-11»], *Southwestern Journal of Theology* *44*, n° 1 (2001).

sería hermenéuticamente incorrecto leer estos pasajes de la misma manera que leemos, digamos, los Evangelios, que son ampliamente considerados en el género de la biografía antigua. Debemos esforzarnos para identificar y entender el carácter literario de cada pasaje en el que la Biblia narra eventos históricos, incluyendo Génesis 1.[43]

Es necesario decir mucho más sobre el debate de la creación, pero es de esperar que lo que se diga aquí al menos fomente una mayor humildad y apertura en el proceso. Piénsalo de esta manera: si dentro de tu iglesia o círculo teológico aceptas que Génesis 1 solo se interpreta con 24 horas del día, entonces los siguientes cristianos se vuelven inaceptables para ti: Agustín, Charles Spurgeon, B. B. Warfield, y Carl Henry. ¿Te parecería correcto? Esta es exactamente la clase de situación en la que el triaje teológico instaría a la precaución.

Podemos coexistir felizmente dentro de la Iglesia en medio de las diferencias sobre este tema. Nuestra unidad en el evangelio no está en juego. En lugar de ello deberíamos centrarnos más en los aspectos de la doctrina de la creación que los cristianos han enfatizado clásicamente y que es distintiva de una visión del mundo ampliamente judeocristiana, como la creación *ex nihilo* [de la nada], la historicidad de la caída y que los seres humanos están hechos a imagen de Dios. Existen mejores batallas para librar.

Lo suficientemente fuerte para no luchar

Uno de mis amigos está tomando lecciones de Tae Kwon Do con su hijo.

---

43. Un buen recurso es V. Philips Long, *The Art of Biblical History, Foundations of Contemporary Interpretation* [El arte de la historia bíblica: Fundamentos de la interpretación contemporánea], (Grand Rapids, MI: Zondervan, 1994).

Al explicarme por qué está agradecido por lo que su hijo está aprendiendo, comentó: «Le ayudará a defenderse si lo acosan, pero aún mejor, le ayudará a sentirse seguro para que no lo acosen». Creo que es un comentario perspicaz. A menudo la misma fuerza que te ayudaría a ganar una batalla te permite evitarla por completo.

En sintonía con esto, nunca debemos pensar que evitar una pelea es una señal de debilidad. Muy a menudo, en la vida y en la teología, es exactamente lo contrario: evitar una pelea requiere una fuerza más profunda y noble que participar en ella.

Los cristianos doctrinalmente consagrados deben recordar esto, particularmente cuando se trata de doctrinas terciarias. Debemos perseguir con entusiasmo el tipo de convicción y fuerza teológica que está dispuesta no solo a luchar por la verdad sino también a *evitar* la lucha para promover el evangelio. Esta es la mejor fuerza.

Conclusión: Un llamado a la humildad teológica

En algún momento alrededor del año 410 o 411 d. C., un hombre llamado Dióscoro le escribió a San Agustín, preguntando cómo interpretar algunos de los diálogos de Cicerón. En su respuesta, Agustín fue muy enérgico al advertirle a Dióscoro sobre la vanidad del aprendizaje mundano, que llamó «conocimiento ignorante». En cambio, Agustín elogió la humildad del evangelio, mediada por la encarnación de Cristo. Instó a Dióscoro a «no construir ningún otro camino para [...] tomar y sostener la verdad» que el camino que Cristo nos abrió. ¿Pero qué significa hacer teología en el camino de Cristo? Agustín explicó:

> En este camino lo primero es la humildad, lo segundo la humildad, lo tercero la humildad, y por más que me lo pidan yo diría lo mismo, no porque no haya otros preceptos que explicar, sino porque si la humildad no precede y acompaña y sigue a toda obra buena que hagamos, y si no se pone delante de nosotros para mirar, y a nuestro lado para apoyarse, y detrás para cercarnos, la soberbia nos arrebatará de la mano toda obra buena que hagamos mientras estamos en el mismo acto de gozar de ella [...]. Si

preguntaras, y tantas veces como lo hicieras, sobre los preceptos de la religión cristiana, mi inclinación sería la de no responder más que la humildad, a menos que la necesidad me obligue a decir otra cosa.[1]

Mi más profunda esperanza es que, si este libro logra algo, nos lleve a la importancia de la advertencia de Agustín. Al hacer el triaje teológico, la humildad es lo primero, lo segundo y lo tercero. Es nuestra necesidad constante, no importa el problema que enfrentemos.

Por qué la humildad es tan importante

Uno de los pastores que entrevisté en preparación para escribir este libro me expresó una observación útil. Cuando la gente se acerca al liderazgo de su iglesia con una preocupación doctrinal, a veces lo hacen en una actitud de humildad. Por ejemplo, hacen preguntas y están abiertos a considerar nueva información. No suponen que ya poseen una perfecta comprensión de los temas. Pero otros, tristemente, expresan los desacuerdos teológicos sin humildad ni apertura. Simplemente quieren criticar, censurar y atacar sin considerar que su perspectiva puede no ser cien por ciento exacta.

Este pastor observó que esta diferencia, la presencia o ausencia de humildad, era generalmente mucho más significativa que el asunto en cuestión para determinar un resultado pacífico y fructífero.[2] Incluso en diferencias significativas, a menudo se lograban avances cuando la discusión se abordaba con humildad y diálogo caritativo. Por otra parte, los desacuerdos sobre

---

1. Augustín, «Letter 118, Augustine to Dioscorus» [«Carta 118, Agustín a Dióscoro»] trad. Wilfrid Parsons, en *The Fathers of the Church* [Los padres de la Iglesia], vol. 18 (Nueva York: The Fathers of the Church, 1953), 282.

2. J. A. Medders me hizo este útil comentario en una entrevista de marzo de 2019.

doctrinas incluso relativamente menores pueden causar una destrucción incalculable cuando se abordan con una actitud despectiva y de privilegio.

Esta observación me pesa mucho al escribir esta conclusión y corresponde a un tema de este libro: la división que rodea a una doctrina no solo implica su contenido, sino también la actitud con la que se sostiene. El mayor impedimento para el triaje teológico no es la falta de habilidad o destreza teológica, sino la falta de humildad. La falta de habilidad puede ser simplemente la ocasión para crecer y aprender, pero cuando alguien se acerca a un desacuerdo teológico con un espíritu seguro de sí mismo y altivo que solo tiene respuestas y no preguntas, el conflicto se hace prácticamente inevitable.

Por lo tanto, debemos enfrentarnos con humildad a aquellos con los que tenemos desacuerdos teológicos, haciendo preguntas para asegurarnos de que entendemos, recordando que no vemos las cosas perfectamente, y buscando siempre crecer en la comprensión donde podamos tener puntos ciegos. Nuestra actitud hacia la teología debe ser, y siempre debe permanecer, como la oración del Viejo Bretón inscrita en un bloque de madera en el escritorio de John F. Kennedy: «Oh Dios, tu mar es tan grande y mi barco tan pequeño».

Ahora, es fácil admitir en principio que tienes puntos ciegos. Pero la humildad hará que este reconocimiento marque una diferencia notable en tus interacciones reales con la gente. Llevará a más preguntas aclaratorias, más búsqueda de un terreno común, más apreciación de las preocupaciones de los rivales, más demora en llegar a juicios.

En la vida y en la teología, no suele ser la pura ignorancia la que causa los problemas más difíciles, sino la ignorancia *sobre* la ignorancia: no el territorio inexplorado, sino las cosas que están completamente fuera de tu mapa. Esta es una de las razones por las que la humildad es tan importante. La humildad nos enseña a navegar por la vida con sensibilidad para distinguir entre lo que no sabemos y lo que no sabemos que no sabemos. Esto nos anima a participar en el desacuerdo teológico con una disposición a escuchar, una voluntad de aprender y la apertura para recibir nueva información o ajustar nuestra perspectiva. El orgullo nos estanca; la humildad nos hace ágiles. A algunos los preocupa que concentrarse demasiado en la humildad los haga insípidos. Pero la humildad no es lo contrario a la fortaleza. En cambio, los que tiemblan ante la Palabra de Dios son los que con más probabilidad se levantarán contra la oposición humana. Considera la valentía de Martín Lutero, que se mantuvo firme en la Palabra de Dios contra la más feroz oposición, aunque cuando era un sacerdote joven, estaba tan aterrorizado mientras administraba la misa, que derramó el vino. Como Spurgeon lo describió: «Creo que Martín Lutero se habría enfrentado al demonio infernal sin miedo; y aun así tenemos su propia confesión de que sus rodillas a menudo temblaban cuando se levantaba a predicar».[3]

En Isaías 66:2, Dios mismo identifica las cualidades que tiene en alta estima y que elogia: «Pero miraré a aquel que es pobre y humilde de espíritu, y que tiembla a mi palabra» (RVR1960).

En este libro no me interesa tanto convencer a otros de los juicios que he hecho; más bien me preocupa que, incluso cuando no estemos de acuerdo, lo hagamos con un espíritu tembloroso ante la Palabra de Dios. Esta actitud es tanto el

---

3. Charles Spurgeon, sermón 2071, «Trembling at the Word of the Lord» [«Temblar ante la Palabra de Dios»], en *The Complete Works of C. H. Spurgeon* [Las obras de C. H. Spurgeon], vol. 35, *Sermons 2062 to 2120* (Cleveland, OH: Pilgrim, 2013), citado en Steven J. Lawson, *The Heroic Boldness of Martin Luther* [La heroica valentía de Martín Lutero], (Sanford, FL: Reformation Trust, 2013), 99.

fundamento como la meta del triaje teológico. «El que cree que sabe algo, todavía no sabe cómo debiera saber. Pero el que ama a Dios es conocido por él» (1 Cor. 8:2-3).

La humildad es el camino hacia la unidad

Algunos cristianos están ansiosos por defender la sana doctrina. Eso está bien y es bueno. ¿Pero es la *unidad* del cuerpo de Cristo una de esas doctrinas que guardamos celosamente? Como observamos en el capítulo 1, la unidad de la Iglesia es uno de los objetivos de la muerte de Cristo (Ef. 2:14). Esto, más que nada, es lo que el Nuevo Testamento nos llama a apreciar y mantener. Por lo tanto, nuestro celo por la teología nunca debe exceder nuestro celo por nuestros verdaderos hermanos y hermanas en Cristo. Nos debe caracterizar el amor. Debemos, como siempre dice mi padre, seguir tanto la doctrina como la cultura del Evangelio.[4]

En el Nuevo Testamento, la humildad es el camino hacia la unidad. Por ejemplo, la exhortación de Pablo a los filipenses a tener «un mismo parecer» (Fil. 2:2), va seguida de un llamado a que «con humildad consideren a los demás como superiores a ustedes mismos» (2:3), imitando la acción de Cristo hacia ellos en el evangelio (2:5-11).

O consideremos el llamado de Pablo a la unidad en Romanos 14. El tema que se presenta en este capítulo es un conflicto sobre las leyes alimentarias judías, pero los principios que Pablo invoca podrían aplicarse también a muchos otros temas. Su principal preocupación en este capítulo es que las diferentes convicciones de los cristianos romanos no sean una fuente de división entre ellos. Así, el «fuerte» y el «débil» son

---

4. Ray Ortlund, *The Gospel: How the Church Portrays the Beauty of Christ* [El evangelio: Cómo la Iglesia refleja la belleza de Cristo], (Wheaton, IL: Crossway, 2014).

llamados a la aceptación mutua. Específicamente, en medio de sus diferencias de conciencia, Pablo los llama a ser hospedadores (v. 1), a no pelear (v. 1), a no menospreciarse (v. 3), y a no juzgarse mutuamente (v. 3, 13). Pablo incluso llama a los romanos a que renuncien a sus derechos y ajusten su práctica para no violar la conciencia de un hermano: «Si tu hermano se angustia por causa de lo que comes, ya no te comportas con amor. No destruyas, por causa de la comida, al hermano por quien Cristo murió» (v. 15).

En la actualidad, también, hay muchas cuestiones sobre las que los cristianos serán tentados a discutir, menospreciarse y juzgarse unos a otros. En cambio, debemos resolver «no poner tropiezos ni obstáculos al hermano» (v. 13). Al igual que Pablo, debemos incluso estar dispuestos a hacer ajustes sacrificados en aras de nuestra unidad con los demás en el cuerpo de Cristo. Si mantener la unidad del cuerpo de Cristo no te cuesta nada —si no te duele— entonces probablemente no estás haciendo los ajustes necesarios.

Pablo fundamenta su apelación en Romanos 14, en que cada persona se presentará ante el tribunal de Cristo: «¿Por qué juzgas a tu hermano? O tú, ¿por qué lo menosprecias? ¡Todos tendremos que comparecer ante el tribunal de Dios!» (v. 10). Es bueno recordar esto: daremos cuenta de nuestras opiniones y nuestra conducta teológica, no menos que de cualquier otra área de nuestra vida. Cuando estemos ante el trono en el día del juicio, ¿cuáles batallas recordaremos y estaremos orgullosos de haber luchado? Sospecho que la mayoría de nuestros debates en Twitter no estarán entre ellas.

Amigos, la unidad de la Iglesia fue tan valiosa para Jesús que *murió* por ella. Si nos preocupamos por la teología sólida, preocupémonos por la unidad también.

Conclusión del consejo práctico

Al leer esto, es posible que estés trabajando en las ramificaciones prácticas del triaje teológico, ya sea en tu trabajo, en tu iglesia, en tu denominación o en algún otro conjunto de relaciones. Todos nos enfrentaremos a este tipo de desafíos en algún momento. La realidad es que, si piensas por ti mismo, es probable que, en algún momento, mantengas un punto de vista diferente al que es socialmente conveniente. Cuando eso ocurra, ¿qué deberías hacer?

Primero, debes *ser sincero*. Debemos ser transparentes en nuestras convicciones, incluso si eso causa una interrupción en nuestra vocación, en la vida de la iglesia o en las relaciones. Por muy doloroso que sea, no vale la pena comprometer tu conciencia al tergiversar tu carácter o tus puntos de vista. Algunas personas parecen «ajustar» sus convicciones con cada nuevo contexto. Sin importar cómo piensas representar tus puntos de vista, debes considerar que mentir es pecado. Por lo tanto, cuando una declaración doctrinal requiere tu afirmación «sin reservas mentales», significa sin reservas mentales.

En segundo lugar, debes *tener tacto*. La sinceridad no es lo mismo que ofrecer tus puntos de vista lo antes posible, sin importar el contexto. Hay momentos en los que hay que guardar silencio; hay momentos en los que solo hay que responder a la pregunta que se te hace. Por ejemplo, cuando le estás dando a conocer el evangelio a alguien, o cuando buscas construir una amistad cristiana, puede haber temas que no traigas a colación intencionalmente en las etapas iniciales de la conversación o relación. Eso no significa que estés comprometiendo tus convicciones, sino que a menudo refleja sabiduría.

Tercero, debes *ser amable*. La amabilidad y el civismo están escaseando en estos días. Cada vez más, la indignación es la norma. Por lo tanto, podemos dar testimonio de la verdad del evangelio hablando con amabilidad y moderación mientras sorteamos nuestros desacuerdos teológicos. Haz un esfuerzo por mostrar amor y respeto a la otra persona, incluso cuando esa persona te enfurezca. Hacer el triaje teológico es una oportunidad para vivir las palabras de Jesús en Juan 13:35: «De este modo todos sabrán que son mis discípulos, si se aman los unos a los otros».

Finalmente, debes *poner tu confianza en el Señor*. Dios es soberano incluso sobre tus cambios doctrinales. Él cuida de ti. Los cabellos de tu cabeza están todos contados. Puedes confiar en Él para que te guíe y te cuide.

Cuando mi esposa y yo estuvimos en Chicago durante un año sabático y de estudio, hicimos del Salmo 121:3 nuestro versículo lema: «No permitirá que tu pie resbale; jamás duerme el que te cuida».

Todas las noches, antes de irnos a dormir, orábamos para que Dios nos guiara hacia el lugar donde deberíamos estar cuando el año terminara, y Dios respondió a esa oración. Al mirar hacia el pasado, puedo ver la fidelidad de Dios al guiarnos a través de nuestros cambios doctrinales y denominacionales, y al conducirnos a un lugar donde podemos servir felizmente.

Es un pensamiento alentador y tranquilizador recordar que Dios está atento a la trayectoria que seguimos, ¡incluyendo nuestras migraciones teológicas! Pon tu esperanza en Él, sé fiel a tu conciencia, y Él abrirá las puertas correctas en el momento adecuado.

Una oración final

Señor, perdónanos por no amar la verdad o por no amar a nuestros hermanos y hermanas en nuestros desacuerdos sobre la verdad. A quienes tendemos a pelear constantemente por la teología, ayúdanos a recordar que tú también moriste por la unidad de la Iglesia, tu preciosa novia. Danos corazones más sensibles. A quienes tendemos a luchar muy poco por la teología, ayúdanos a sentir nuestra necesidad de valentía y resiliencia. Danos fundamentos más fuertes. Ayúdanos a ser personas que tiemblan ante tu Palabra y, por lo tanto, en última instancia, que no temen a nadie más que a ti. Llévanos hacia ese saludable y feliz equilibrio de adherirnos a todas tus enseñanzas mientras abrazamos a todo tu pueblo. Amén.